눈 떠보니 후진국

눈 떠보니 후진국

눈 떠 보니 후진국
트럼프보니 후진국
럼프 보니 후진국
스톰에 니 후진국
직면한 후진국

시민언론
민들레의
시대진단

한국경제의 진
다가올 미래국

장박원
지음

민들레북

한국 경제를 위한 절박한 제언

바야흐로 롤러코스트의 시대다.

'눈 떠보니 선진국'이더니 다시 '눈 떠보니 후진국'이다. 눈 깜짝할 사이에 하늘과 땅을 오간다.

우리만 그런가? 트럼프의 귀환 이후 세계 경제는 순식간에 100년 전 무역전쟁의 시대로 돌아갔다. 지구라는 행성 자체의 운항이 덜컹거리는 듯하다.

우리는 아니 세계는 지금 그 어느 때보다 복합적이고 중층적인 위기에 놓여 있다. 국제 정세의 격변, 내부 정치의 불안정, 그리고 구조적인 경제 체질의 한계가 동시에 밀려오며 태풍의 한가운데로 우리를 몰아넣고 있다.

이 책은 그런 혼돈의 시대에 단단한 나침반 역할을 해줄 것이다.

이 책은 단순한 경제서가 아니다. 엄혹한 현실에서 결코 외면해서는 안 될 질문과 방향성을 일깨우는 사회적 경고장이다. 새로운 한국 경제를 위한 절박한 제언이기도 하다.

저자가 《매일경제》와 《시민언론 민들레》라는 상반된 성격의 매체에서 홀로 외롭게 통찰력을 벼리어 왔다는 점은 이 책의 또 다른 미덕이다.

좋은 정치, 좋은 지도자를 선택하기 위한
냉철한 시선

《시민언론 민들레》의 편집인 겸 경제 에디터인 장박원의《눈 떠
보니 후진국》은 민들레가 내놓는 시대진단 시리즈의 첫 작품이다.
이 책은 30년 경제기자의 예리한 눈으로 '윤석열 경제'의 상처와 후
유증을 진단하고 그 청산과 정상화 방안을 모색한다.

윤석열 전 대통령의 파면으로 내란 사태는 일단락됐지만 한국 경
제는 지금 전례를 찾기 어려울 정도의 내우외환을 겪고 있다. 고물
가·고금리·고환율의 삼중고 속에서 '퍼펙트 스톰'을 통과 중이다.
이 책은 대규모 세수 펑크, 부자 감세, 부동산 정책의 왜곡, 대외 경
제 전략의 실패 등 윤석열 정부의 경제정책을 일관되게 비판해온
시민언론 민들레의 시각을 바탕으로 '윤석열 이후' 한국경제의 방
향을 제시한다. 단지 방향을 보여주는 데 그치지 않고, 공고해진 양

극화를 해소하고 기본소득 사회로 가는 개혁의 길을 구체적으로 안내한다.

이 책은 무엇보다 윤석열 정부의 경제 실정을 낱낱이 파헤쳐 나쁜 정치가 경제를 어떻게 망치는지를 보여주는 한편, 좋은 정치를 복원하지 않고는 경제도 정상화될 수 없다는 사실을 날카롭게 지적한다. 그런 측면에서 6월 3일 대선을 앞두고 이 책이 나온 것은 적시의 출간이랄 수 있겠다. '좋은 정치' '좋은 지도자'를 선택하는 데 이 책이 적잖은 도움이 될 것으로 기대한다.

퍼펙트 스톰에 직면한 한국 경제 어디로

"경제가 걱정이다."

누구랄 것도 없는, 모든 이의 걱정거리다. 12·3 내란 사태 하나만으로도 경제적인 피해가 엄청난데 도널드 트럼프 미국 대통령 취임 이후 무역전쟁이 증폭되며 수출에도 비상이 걸렸다. 연달아 밀려오는 초대형 악재가 아니라도 한국 경제는 이미 빈사 상태다. 코로나19 팬데믹이 끝나자마자 고물가와 고금리, 고환율이 덮치며 내수 경기는 바닥에서 벗어나지 못하고 있다. 미국을 비롯한 주요국 정부가 팬데믹 때 풀린 돈을 거둬들이는 긴축 기조를 이어가며 세계 경제도 위축됐다. 2023년에는 반도체 경기 악화로 수출이 뒷걸음질했다. 2024년 다소 회복되기는 했으나 여전히 아슬아슬하다. 트럼프 2기 행정부의 무역전쟁 파장이 어디로 튈지 알 수 없기 때문이다.

트럼프의 관세 폭탄에 교역 상대국들이 보복에 나서면 이제 막 안정세를 찾아가던 물가가 다시 들썩일 수 있다. 관세만큼 물가가 올라갈 것이기 때문이다. 인플레이션이 발생하면 미국을 포함해 주요국 중앙은행은 금리 인하 속도를 늦추거나 최악의 경우 다시 금리를 올릴 수밖에 없다. 한국 경제가 또 고물가와 고금리, 고환율의 혼돈 속에 빠질 수 있다는 이야기다.

이럴 때일수록 정부 역할이 중요하다. 위기를 기회로 돌려 성장의 기회를 찾는 탁월함을 발휘하면 더할 나위 없이 좋겠지만 그렇게까지는 못하더라도 피해를 줄이기 위한 노력과 성과를 보여주어야 한다. 그게 정부의 책무이자 존재 이유다.

그런데 윤석열 정부는 어땠나. 사실상 경제를 방치했다고 해도 과언이 아니다. 그 결과는 참담했다. 오롯이 국정을 운영했던 2년의 경제 성적표가 이를 말해준다. 2023년과 2024년의 성장률은 각각 1.4%와 2.0%에 그쳤다. 잠재성장률을 밑도는 수준이다. 아무 일도 안 했더라면 성장률이 더 높아졌을 것이라는 뜻이다.

윤석열 정부는 첫 단추부터 잘못 끼웠다. 명분은 그럴듯하게 '민간 주도 성장'을 내걸었으나 실제 내용은 '부자 감세'가 전부였다. 집권 첫해부터 법인세율을 내리고 다주택자 중과를 완화하는 등 자산가들의 세금 부담을 덜어주기 바빴다. 그러면서도 세수 감소는 우려하지 않아도 된다고 장담했다. 하지만 이것이 새빨간 거짓말이라는 사실이 드러나기까지는 오래 걸리지 않았다. 부자 감세의 역효과가 본격적으로 나타나기 시작한 2023년에만 56조 원의 세수 펑크가 발생한 것이다.

코로나19 팬데믹 직후처럼 물가와 금리가 상승하는 시기에는 기업 실적이 좋을 수 없다. 경기가 하향하는 상황에서 섣부른 감세는 정부 재정을 악화시키는 자충수가 될 수 있다. 경기 하강기에는 세수가 줄 수밖에 없는데 여기에 감세까지 하면 정부 스스로 손발을 묶는 것과 다를 바 없다는 이야기다. 현실적으로 증세까지는 힘들었다면, 각종 공제 등을 축소해 나라 곳간을 채우는 데 총력을 기울였어야 했다.

경기침체로 민간 부문의 투자와 소비가 급감할 때 경제를 살릴 마지막 보루는 정부 재정이다. 만약 세수가 충분했고 소비 진작을 위해 정부가 예산을 적기에 투입했더라면 내수 경기가 참담한 수준으로 추락하지는 않았을 것이다.

시장의 순리에 역행하는 인위적 건설 경기 부양과 집값 띄우기도 우리 경제에 큰 짐을 안겼다. 보금자리론과 신생아 특례대출 등 저리로 풀린 수십조 원의 정책 자금은 주택시장을 왜곡했다. 젊은이들이 빚을 내 집을 사면서 조정받아야 할 부동산 가격이 꿈쩍도 하지 않았다. 금리가 올랐는데도 서울 인기 지역의 아파트 가격이 계속 상승하자 집값이 더 오를까 불안한 마음에 너도나도 주택담보대출을 받아 집을 샀다. 그 결과 가계부채는 눈덩이처럼 불어났다. 임계점에 도달한 가계부채는 부동산 거품이 빠지면 금융시스템을 붕괴시킬 뇌관이 될 수 있다.

이외에도 윤석열 정부의 경제 헛발질은 헤아릴 수 없을 만큼 많다. 과학계를 카르텔로 몰아 국가 연구개발 예산을 삭감했고, 최대 교역국인 중국을 무시하면서 수출에 큰 타격을 줬다. 러시아와 전쟁을 벌이는 우크라이나를 일방적으로 편드는 바람에 러시아에 진출했던 우리 기업에 엄청난 민폐를 끼쳤다. 부산 엑스포를 유치한다며 바쁜 기업인들을 동원하는가 하면, 지지율 하락을 막으려는 꼼수로 경제성이 증명되지도 않은 석유개발 사업인 '대왕고래' 프로젝트를 대통령이 직접 발표하는 '쇼'를 연출하기도 했다.

하지만 윤석열 정부가 손을 대는 것마다 망가졌다. 오죽하면 차라리 아무것도 하지 않는 편이 낫겠다는 말까지 나왔겠는가.

그리고 2024년 12월 3일. 윤석열은 난데없는 비상계엄을 선포해 휘청거리는 한국 경제에 마지막 치명타를 날렸다. 극심한 내수 침체와 무역전쟁으로 어려움을 겪고 있는 국민과 기업을 조금이라도 생각했다면 절대 할 수 없는 경거망동이었다. 애초부터 윤석열은 경제에는 관심이 없었던 게 분명하다. 그에게는 모든 게 '대통령 놀이'를 위한 겉치레일 뿐이었다. 12·3 내란 사태가 남긴 피해는 금액으로 따질 수 없을 정도로 엄청나다. 그 후유증이 언제 회복될지도 알 수 없다. 이재명 더불어민주당 대표는 2025년 2월 10일 국회 교섭단체 대표연설에서 '윤석열의 난'이 남긴 상처를 이렇게 상기시켰다.

"대한민국은 지금 유례없는 위기, 역사적 대전환점에 서 있습니다. 식민지에서 해방돼 유일하게 산업화와 민주화에 성공한 나라, 세계 10위 경제력, 세계 5위 군사력을 자랑하며 K-컬처로 세계 문화를 선도하던 문화강국, 이 자랑스러운 대한민국에서 예측조차 망상으로 치부될 만큼 비상계엄은 상상조차 불가한 일이었습니다. 그런데 하늘이 놀라고 땅이 진동할 '대통령의 친위 군사쿠데타'가 현실이 되었습니다. 국민과 국회에 의해 주동 세력은 제압되었지만 내란 잔당의 폭동과 저항이 두 달 넘게 계속되며 대한민국의 모든 성취가 일거에 물거품이 될 처지입니다. 권력욕에 의한 친위 군사쿠데타는 온 국민이 피로 쟁취한 민주주의와 헌법 질서를 송두리째 파괴 중입니다. '군의 정치적 중립 보장', '헌정질서 파괴와 기본권 제한 금지'라는 1987년의 역사적 합의를 한 줌 티끌로 만들었습니다. 세계가 인정하던 민주주의, 경제, 문화, 국방 강국의 위상은 무너지고 일순간에 '눈 떠보니 후진국'으로 전락했습니다."

한국은 2021년 7월 공식적으로 선진국 대열에 합류했다. 유엔무역개발회의UNCTAD가 개발도상국으로 분류했던 한국을 선진국 범주로 올렸다. 개발도상국에서 선진국으로 승격된 나라는 대한민국이 유일하다. 세계 10위권 경제국인 데다 K팝과 K드라마 등 문화 분야에서도 최고 수준에 도달한 성과를 높이 평가했다. 세계는 선진국으로 올라선 한국을 부러운 눈으로 쳐다봤다.

발전한 대한민국에서 태어난 젊은 세대에게는 이것이 놀라운 뉴스가 아닐 수 있다. 하지만 광복 직후 세계에서 가장 빈곤했던 후진국 대한민국을 살아 온 노년층이나 개발도상국 시기에 교육받은 중장년층에게 한국이 선진국이 됐다는 사실은 좀처럼 믿을 수 없는 성취다. 그야말로 '눈 떠보니 선진국'이라는 말이 절로 나왔다.

그런데 선진국 대한민국에서 쿠데타가 일어났다. 그것도 대통령이 일으킨 친위 쿠데타가 발생했다. 12·3 내란 사태는 윤석열 정부 2년 6개월의 '거대한 퇴행'을 일깨웠다. 우리 삶에 직접적인 영향을 주는 경제 분야의 퇴행은 더 심각하게 다가왔다. 대다수 국민의 실질 소득이 줄었고, 기업은 활기를 잃고 적자의 늪에서 허덕이고 있다. 자영업자와 소상공인들은 빚더미에 올라앉아 넋을 잃고 말았다. 추락하는 한국 경제를 보며 많은 국민은 후회하며 탄식했다.

"대통령 한 명 잘못 뽑았다고 이 지경에 이를 줄은 정말 몰랐다. '눈 떠보니 선진국'이라고 자랑한 지 얼마 지나지도 않았는데 '눈 떠보니 후진국'이라는 말을 듣게 될 줄이야……."

헌법재판소의 윤석열 파면 결정으로 내란 사태는 일단락됐다. 하지만 한국 경제의 위기는 이제 시작이다. 더 세고 악랄해진 슈퍼 트럼프가 돌아와 주요 교역국에 관세 폭탄을 퍼붓고, 중동과 우크라이나 등 지정학적 불확실성도 여전하다. 조기 대통령 선거를 통해 새로운 정부가 출범해도 단기간에 경제 불안을 해소하기는 힘들 것이다. 한국 경제는 지금 퍼펙트 스톰에 직면해 있다. 어떻게 거센 폭풍우를 뚫고 나갈 수 있을까? 이 책은 이 질문에 대한 답을 모색하는 과정에서 기획됐다.

윤석열 정부에서 생생하게 목격했듯이 나쁜 정치는 경제를 망친다. 국가 자원의 낭비를 초래하고 공공과 민간을 가리지 않고 모든 부문의 생산성을 떨어뜨린다. 잘못된 경제 정책은 십중팔구 정파적 이익에 매몰됐을 때 나온다. 퍼펙트 스톰 속에서 한국 경제가 침몰하는 비극을 막으려면 가장 먼저 '좋은 정치'를 복원하는 일부터 시작해야 한다. 다시 민주 정부를 세워 소수 기득권 집단이 아닌 다수의 국민을 위한 경제 정책이 실행될 수 있도록 하는 게 핵심이다.

'눈 떠보니 후진국'으로 전락한 대한민국이 폭풍우를 뚫고 다시 선진국 대열에 안착하는 데 이 책이 조금이라도 보탬이 되길 바란다.

차례

1장. 더 세고 악랄해진 슈퍼 트럼프의 귀환

2장. 경제 회복의 열쇠, 정치가 쥐고 있다

3장. 윤석열이 망쳐놓은 일곱 가지 경제 헛발질

4장. 대한민국 경제의 병목, 재벌

1장

더 세고 악랄해진
슈퍼 트럼프의 귀환

전 세계를 향한
관세 전쟁의 시작

"오직 미국만을 다시 위대하게"

자녀를 미국으로 유학 보낸 부모들은 학비와 생활비를 보내느라 등골이 휜다. 한국은행이 기준금리를 내렸지만 기업들의 자본 조달 부담과 투자 비용은 치솟기만 한다. 국내 물가도 다시 들썩인다. 왜 그럴까? 달러 가격이 급등했기 때문이다. 그렇다면 누구의 책임인가? 윤석열? 트럼프?

윤석열도 어느 정도 책임이 있으나 80~90%는 도널드 트럼프 미국 대통령에게 있다. 그는 2017년부터 2021년까지 제45대 미국 대통령을 역임했고 2025년 1월 20일 다시 제47대 미국 대통령으로 선출돼 미국뿐 아니라 세계를 쥐락펴락하고 있다. 대통령 선거 막판까지 민주당 대선 후보인 카멀라 해리스와 박빙의 대결을 펼칠 것으로 예상됐으나 선거 결과는 예상 밖이었다. 트럼프 대통령은 대부분의 경합 주에서 승리를 거두며 넉넉한 차이로 해리스를 따돌렸다.

적지 않은 이들이 해리스의 승리를 점치거나 트럼프가 이기더라도 초접전을 벌일 것으로 예상했다. 미국 언론들이 보도하는 여론조사가 그렇게 말하고 있었기 때문이다. 그러나 대선의 향방을 정확히 가늠했던 곳이 있었으니 바로 금융시장이다.

월가의 큰손들은 진작에 너도나도 트럼프 관련주에 베팅했다. 석유와 천연가스 등 화석연료와 방위산업 등이 대표적이다. 비트코인은 그야말로 미친 듯이 올랐다. 트럼프 대통령은 선거운동 기간에 가상화폐 규제를 철폐 수준을 넘어 비축 자산 등으로 육성하겠다고 공언했다. 그의 한마디에 비트코인을 필두로 다양한 가상화폐로 투자금이 몰렸다. 승률에 베팅하는 도박 사이트에서도 해리스보다 트럼프에 돈을 거는 이들이 많았다. 미국 주류 언론의 엉터리 여론조사에도 불구하고 금융시장과 투기꾼들은 일찌감치 트럼프의 당선을 확신했던 셈이다.

트럼프 2기 행정부 출범이 전 세계의 관심사인 이유는 지구촌 거의 모든 이들의 삶에 영향을 미칠 것이기 때문이다. 특히 한국은 외교·안보와 경제 측면에서 미국과 긴밀한 관계를 맺고 있어 누가 미국 대통령이 되느냐에 따라 많은 게 달라진다. 그렇다면 트럼프 대통령의 귀환은 한국 경제에 어떤 변화와 파장을 몰고 올까.

현대경제연구원은 트럼프 대통령 당선 직후인 2024년 11월 〈트럼프노믹스 2.0과 한국 경제〉라는 보고서를 발표했는데 여기에서 그에 대한 대략적인 답을 찾아볼 수 있다. 트럼프 2기를 이해하기 위해서는 먼저 그가 당선된 배경을 살펴볼 필요가 있다. 조 바이든 행정부는 미국 내 기업 유치에 발 벗고 나섰지만 대다수 미국인은 경제생활이 힘들다고 느꼈다. 2023년에는 소비자물가가 9% 넘게 폭등하며 실질소득이 감소했고 삶의 질도 낮아졌다. 바이든 행정부의 무능을 탓하는 유권자는 점점 늘었고 트럼프는 이런 여론을 파고들었다.

그가 내세운 '미국을 다시 위대하게MAGA(Make America Great Again)'라는 문구는 경제적으로 좌절감을 맛본 많은 미국인에게 희망의 메시지로 읽혔다. 트럼프에게 표를 몰아준 저임금 노동자들은 미국이 불공정 무역으로 손해를 보고 있고 그 여파로 자신들의 일자리가 줄어들고 있다고 생각했다. 이들이 반이민 정책에 열광하는 것도 같은 맥락이다. 트럼프는 보편관세로 외국 제품이 싼값에 미국으로 들어오는 것을 막는 한편 기업 세금을 깎아주는 감세로 새로운 일자리를 만들겠다고 선언했고 이에 많은 유권자가 호응했다.

이런 측면에서 보면, 트럼프 2기의 통상 정책은 무역수지 적자를 개선하고 자동차 등 미국이 자랑하는 산업을 보호하기 위한 관세와 비관세 장벽을 쌓는 쪽으로 전개될 것이다. 합법적으로는 '무역확장법 232조'와 '슈퍼 301조'를 근거로 무역 적자 품목에 쿼터 제도를 시행하고 중국과 멕시코 등 주요 교역국에 관세율을 높일 가능성이 크다. 그나마 이 정도에서 끝나면 세계 경제에 파장이 제한적일 테니 다행이다.

문제는 기존 법률이 허용하는 선을 넘어서는 경우다. 모든 수입품에 대한 10~20%의 보편관세 부과가 몰고 올 파장은 가늠하기조차 힘들 정도다. 특정 품목과 국가에 관세율을 조정하는 통상 조치는 현행 법률로도 가능하다. 보편관세는 별도의 법률적 근거가 있어야 한다는 게 다수 의견이지만 트럼프 대통령이 보편관세 공약을 실행할 수단이 없는 건 아니다. 트럼프 대통령은 관세 전쟁을 정당화하기 위해 '국가 경제 비상사태'를 선포하는 카드를 수시로 쓸 수 있다. 1977년 제정된 '국제경제비상권한법IEEPA' 등을 밀어붙일 것이라는 이야기다. 예컨대 IEEPA는 국가안보에 위협이 되는 비상사태가 발생했을 때 대통령에게 모든 경제 활동을 광범위하게 통제할 수 있는 권한을 부여한다. 트럼프 대통령은 취임 직전 미국《워싱턴포스트》가 보편관세를 일부 핵심 품목에만 적용하는 방안이 유력할 것이라고 보도하자 '가짜 뉴스'라고 일축하기도 했다. 실제로 그는 취임하자마자 IEEPA에 근거해 캐나다와 멕시코에 25%의 관세를 부과하는 행정명령에 서명했다. 양국 지도자와 통화하며 시행을 미루긴 했지만 앞으로 이런 일이 반복될 가능성이 크다.

트럼프 대통령이 관세와 비관세 장벽을 높이는 또 다른 노림수는 외국 기업 유치에 있다. 보조금과 세액공제 등 당근을 제시하며 외국 기업의 투자를 유치했던 바이든 행정부에 비해 트럼프 행정부는 '고율의 관세 부과'라는 채찍을 사용할 것으로 보인다. 이는 수입품에 대한 관세를 높이면 어쩔 수 없이 미국 내 생산시설을 늘릴 수밖에 없다는 판단에 근거한다. 현대경제연구원에 따르면 트럼프 1기 마지막 해 미국의 외국인직접투자FDI 규모는 4조 6135조 달러로 이

전 정부인 오바마 행정부 시기보다 19% 가까이 증가했다.

에너지 정책도 큰 변화가 예상된다. 다만 통상 정책과 공급망 정책에 비하면 세계 경제에 미칠 파장은 제한적이다. 화석연료 사용 비중을 높이고 환경 규제를 완화 또는 철폐할 수 있겠으나 '신재생 에너지 확대'라는 흐름을 깨기는 힘들 것이다. 산업 정책 쪽으로는 자동차와 철강 등 미국의 전통 산업을 보호하고 인공지능과 우주 산업 같은 첨단 분야에는 세제지원을 늘릴 것으로 예상된다. 미국에 투자를 늘린 한국 기업들의 관심사인 보조금 정책은 유동적이다. 지급 조건의 엄격한 적용 등으로 혜택을 축소할 수는 있겠지만 공화당 내에서도 이견이 많아 없애지는 못할 것이다.

트럼프 대통령의 보편관세 부과로 글로벌 관세 전쟁이 벌어지면 수출로 성장을 견인해 온 한국을 비롯한 주요국들은 경제적 타격을 피할 수 없다. 미국 블룸버그는 트럼프의 관세 전쟁이 1930년대 미국을 비롯한 각국이 관세 인상과 자국 통화가치 절하 등 자국 이기주의에 바탕을 둔 '근린 궁핍화' 정책을 펼치면서 세계 교역이 위축됐던 당시의 역사를 재현할 수도 있다고 경고했다. 그 근거로 미국 산타클라라대 연구진이 전미경제연구소에 발표한 논문을 제시했다. 해당 논문은 1930년대 관세와 통화가치 절하 전쟁으로 세계 무역이 최소 18% 줄었을 것으로 추정했다.

유사한 경고는 영국 《파이낸셜타임스FT》의 설문조사에도 나왔다. FT는 트럼프 대통령 취임을 앞두고 미국 시카고대 부스 경영대학원과 공동으로 미국과 영국, 유로존에서 활동하는 경제학자 222명을 상대로 설문조사를 했다. 핵심 메시지는 다음과 같다.

미국 우선주의를 내세운 트럼프 2기 행정부의 보호주의 정책은 주요국 경제에 부정적인 영향을 미칠 것이다. 유로존과 영국은 물론 미국에도 좋을 게 없다. 트럼프의 정책은 단기적으로는 미국에 약간의 성장을 가져올 수도 있으나 그 대가로 글로벌 경기침체가 일어나 나중에 미국에 해를 끼칠 것이기 때문이다. 미국과 주요국 물가상승이 일어날 것이며 연방준비제도(연준) 등 각국 중앙은행이 금리를 인하하는 데도 제약이 된다. 세계적인 스태그플레이션(경기침체와 물가상승이 겹친 경제불황)을 맞게 될 것이다. 이는 세계 교역을 위축시키며 각국의 성장률을 끌어내릴 게 뻔하다.

이에 앞서 FT는 미국 시카고대 부스 경영대학원과 함께 미국 경제학자 47명에게도 트럼프 2기 고율의 관세 부과와 이민자 추방, 세금 인하 등에 대한 의견을 물었다. 이들 대다수도 물가가 오르고 금리 인하를 제약해 미국의 경제성장에 부정적인 영향을 미칠 것이라고 답변했다. 미국 재무부 출신의 타라 싱클레어 조지워싱턴대 교수는 "장기적으로 볼 때 트럼프의 정책 조합은 좋지 않을 것"이라고 혹평했다.

트럼프 1기 행정부 시기를 돌아보면 어떤 일이 일어날지 짐작할 수 있다. 2018년 7월부터 중국산 수입품에 대한 관세를 인상한 결과 선진국과 개발도상국 모두 성장률이 큰 폭으로 하락했다. 선진국은 2018년 성장률이 2.3%에서 2019년 1.9%로, 개발도상국은

4.7%에서 3.7%로 급락했다. 세계 경제성장률도 3.6%에서 2.9%로 내리막길을 탔다. 미국도 같은 기간 성장률이 3.0%에서 2.6%로 내려갔다. 당시 유로존과 중국 경기가 좋지 않은 탓도 있으나 미국과 중국의 관세 전쟁이 세계 교역을 위축시켜 전체 성장률을 끌어내렸다는 것에는 이견이 없다. 트럼프 대통령은 2기를 시작하면서도 중국산 제품에 대한 관세율을 추가로 10% 높였다. 이에 중국이 같은 수준으로 맞대응에 나서면서 세계 무역에는 짙은 먹구름이 끼었다.

국제통화기금IMF은 트럼프 대통령의 두 번째 임기 첫해인 2025년 중반부터 미국과 유로존, 중국이 서로 10%의 수입 관세를 매기고, 미국이 그 외 국가의 수입 제품에 10%의 보편관세를 부과하면 2025년부터 2027년까지 세계 경제성장률은 기존 전망치보다 매년 적게는 0.2%p에서 많게는 1.0%p 하락할 것으로 전망했다. 현대경제연구원이 같은 조건으로 다시 계산한 결과도 세계 성장률 전망치가 2025년 3.3%에서 3.2%로 낮아지고 이후에도 최대 0.14%p 내려가는 것으로 나왔다. 구체적인 수치는 달라질 수 있겠으나 트럼프 2기의 관세 전쟁은 세계 성장률을 가로막는 요인인 것만은 확실하다.

대선 결과를 정확히 예측했던 금융시장은 트럼프 대통령 취임 이후에도 먼저 움직이고 있다. 트럼프 2기 행정부의 관세와 감세 정책으로 미국 정부의 재정 적자가 더 커질 것이라는 예측이 금융시장을 지배하면서 미국의 장기물 국채금리는 글로벌 금융위기 때인 2007년 이후 최고 수준으로 올랐다. 재정 적자를 줄이기 위해 미국 정부가 국채를 발행하면 금리 안정을 기대하기 힘들어진다. 연준이 기준금리를 낮춰도 인플레이션을 잡는 효과가 반감될 것이라는 뜻이다. 소비자물가가 폭등하면 연준은 다시 기준금리를 높여야 하는 상황에 직면할 수 있다. 노벨경제학상 수상자인 폴 크루그먼 미국 뉴욕시립대 교수는 트럼프 2기 행정부의 경제 정책이 초래할 혼란을 이렇게 설명했다.

장기물 국채금리 상승은 트럼프 경제 정책이 말하는 터무니없는 것들을 금융시장이 실제로 믿고 그에 따라 행동할 것이라는 끔찍한 의심을 반영한다. 분명 연준은 추가 금리 인하를 보류해야 할 것이며, 다시 금리를 올릴 필요성을 느낄지도 모른다. 트럼프가 시장에 응징되는 것을 보고 싶겠지만 즉각적인 만족감을 기대해서는 안 된다. 그의 경제적 망상의 결과가 분명해지려면 몇 년이 걸릴 것이다.

관세 전쟁에 대비한 각국의 움직임도 빨라지고 있다. 트럼프 대통령은 마약과 범죄자들이 캐나다와 멕시코 국경을 통해 미국에 유입된다면서 두 나라에 25% 관세를 부과하겠다고 계속 경고하고 있다. 이에 캐나다는 마약이 미국으로 유입되지 않도록 감시를 강화하겠다고 약속했지만 트럼프 대통령이 진짜 관세 폭탄을 떨어뜨리면 미국산 수입품에 보복 관세를 물리는 방식으로 대응할 것이라는 점 또한 천명했다. 멕시코 역시 트럼프 대통령의 요구를 수용하는 방식으로 관세 전쟁을 피하는 한편 2020년 7월 발효한 미국·멕시코·캐나다 무역 협정으로 3개국 모두 수혜를 본 만큼 고율의 관세는 미국 경제에도 나쁜 영향을 줄 것이라는 논리로 트럼프 대통령을 설득하리란 예상이다.

다른 나라들도 트럼프의 관세 전쟁 피해를 최소화하는 길을 모색 중이다. 중국과 밀착하며 미국의 관세 장벽을 회피하려는 곳도 있고, 캐나다와 멕시코처럼 미국과의 협상력을 강화하려는 국가도 있다. 한국은 관세 전쟁으로 세계 교역이 위축됐을 때 가장 큰 피해를 보는 국가에 속한다. 트럼프 2기 출범 전부터 경고음은 여기저기서 나왔다. 더 강력하고 악랄해진 트럼프 대통령의 귀환에 한국 경제는 떨고 있다.

한국 경제에 투하된
트럼프의 '관세 폭탄'
관세 전쟁이 불러올 벼랑 끝 전망

트럼프 대통령 당선이 확정된 직후인 2024년 11월 7일 한국은행은 국제수지 잠정 통계치를 발표했다. 하지만 이날 통계 수치보다 더 주목받은 것은 한국은행의 논평이다. 트럼프 2기가 한국 경제에 미칠 영향을 우리 금융당국이 처음으로 밝혔기 때문이다.

도널드 트럼프 당선인의 관세나 보호무역 등 공약으로 미뤄볼 때 우리나라 통상이나 수출에 부정적 요인이 좀 더 커 보인다. (원/달러) 환율이 많이 오르면 원유 등 원자재 수입액이 늘어 경상수지나 무역수지 흑자가 줄어들 가능성이 있다. 업종과 품목별로 기회이거나 위기일 수 있지만 부정적 의견이 우세한 것 같다.

'관세 폭탄' 하나만으로도 한국의 수출은 크게 위축될 가능성이 매우 크다. '연합인포맥스'가 전문가 의견을 취합해 보도한 바에 따르면 10%의 보편관세가 부과되면 수출과 투자가 줄면서 한국의 경제성장률은 1.0%p 감소할 것으로 예측됐다. 저성장 국면에서 이 정도면 핵폭탄에 버금가는 충격이라고 할 수 있다. 트럼프 집권 1기에 비해 미국에 대한 수출의존도가 높아진 것이 부메랑으로 돌아올 것이라는 근거로 이 같은 전망이 나왔다.

한국무역협회 자료를 보면 2020년 166억 달러였던 한국의 대미 무역수지 흑자액은 2021년 227억 달러에서 2022년 280억 달러, 2023년 444억 달러로 급증했다. 이런 흐름은 2024년에도 계속됐다. 대미 수출 실적과 무역수지 흑자가 각각 1278억 달러와 557억 달러로 모두 사상 최대였다. 미국 상무부가 집계한 2024년 상품 무역 기준 무역수지 흑자는 660억 1000만 달러에 달한다. 대미 수출은 2018년부터 2024년까지 7년째 해마다 역대 최대 실적을 경신했다. 윤석열 정부 들어 증가 폭이 커진 이유는 조 바이든 행정부가 중국 견제 정책에 따라 세계 공급망을 재편하며 자연스럽게 미국 비중이 커진 결과다. 미국이 적자를 보는 국가 순위에서도 한국은 2021년 이전의 14위에서 2024년 8위로 올라섰다.

이런 변화는 미국 우선주의를 표방한 트럼프 대통령의 공격 빌미가 될 것이 자명하다. 거의 모든 국내외 연구기관과 금융사들은 이구동성으로 한국 경제에 경고음을 울리고 있다. 얼마나 수출이 감소하고 성장률이 둔화할 것인지는 분석 방식에 따라 그 예측치가 제각각이지만 한국 경제가 엄청난 타격을 받을 것이라는 점에서는 같은 목소리를 내고 있다.

대외경제정책연구원KIEP은 보편관세와 중국에 대한 고율의 관세를 부과하겠다는 트럼프 대통령의 공약이 실제로 이행되면 한국의 총수출액이 최대 448억 달러 감소하고 실질 국내총생산GDP도 최대 0.67% 줄어들 것으로 추정했다. 한국은행도 2024년 8월 발표한 〈공급망 연계성을 고려한 대중 수출 평가와 시사점〉 보고서에서 트럼프 2기 관세 정책이 현실이 되면 한국의 대중 수출 연계 생산이 6% 이상 감소할 것이라고 경고했다. 트럼프가 중국에 관세 폭탄을 퍼부어 중국 내 생산 활동이 위축되면 한국도 큰 타격을 받을 것이라는 뜻이다.

이런 불길한 전망은 트럼프 행정부 1기였던 2017~2019년 상황을 살펴보면 어느 정도 예측할 수 있다. 당시 트럼프 대통령은 집권과 동시에 한국과 미국의 자유무역협정FTA 개정 협상을 강력하게 요구했다. 기존 협정이 한국에 너무 유리하게 체결됐기 때문에 미국의 무역 적자가 늘고 있다고 트집 잡았다. 결국 트럼프의 이런 태도는 한국의 수출액 감소로 이어졌다.

한국의 총수출액이 줄어든 또 다른 이유는 미국과 중국의 무역전쟁이다. 트럼프 대통령은 미국의 최대 무역 적자국인 중국에 연이어 관세 폭탄을 퍼부었다. 한국의 입장에서 보면 최대 수출국인 중국과 그다음 교역국인 미국 두 대국의 갈등이 곧바로 악영향을 미쳤다. 그 결과 트럼프 1기 후반기였던 2019년 한국의 총수출액은 전년보다 10%가량 감소했다.

트럼프 2기를 예상하자면 이런 사태가 증폭되면서 더 나쁜 상황이 전개될 수도 있다. 현대경제연구원 보고서는 4가지 시나리오를 가정해 트럼프의 관세 전쟁이 한국 경제에 미칠 영향을 분석했다.

첫 번째는 미국이 중국산 제품에 대한 수입 관세율을 60%까지 올리는 상황이고, 두 번째는 이러한 미국의 관세율 적용에 대응해 중국이 미국산 제품에 똑같이 60%의 수입 관세를 부과했을 경우다. 세 번째는 이렇게 미국과 중국이 서로 60% 수입 관세를 매기며 전쟁을 벌이는 와중에 미국이 세계 나머지 국가로부터 수입되는 제품에 일괄적으로 10%의 관세를 부과하는 시나리오이고, 네 번째는 미국의 10% 보편관세에 대응해 세계 국가들이 미국 제품에 10% 보복 관세를 부과하는 사태가 벌어지는 것을 가정했다.

이들 시나리오가 얼마나 현실성이 있는지는 단언하기 어렵다. 보편관세가 아닌 상호관세 등 다른 방식으로 관세 전쟁이 전개될 수도 있다. 하지만 어떤 행태로든 관세 전쟁이 일어날 것만은 분명하다. 이런 측면에서 현대경제연구원의 분석은 참고할 필요가 있다.

연구원이 추산한 결과는 충격적이다. 미국의 수입 관세율 인상은 세계 평균 관세율 인상을 유발하고 그 결과 글로벌 교역을 위축시켜 한국 경제에 재앙을 몰고 올 것이라는 우려가 현실화될 가능성을 보여준다. 먼저 미중 양국이 관세 전쟁을 벌이는 것만으로도 세계 교역은 0.36~0.47% 감소할 것으로 예측됐다. 미중 양국뿐 아니라 관련 국가 모두가 관세 전쟁에 참여하면 세계 교역은 0.85~1.12% 줄어든다. 여기에 더해 미국과 거래하지 않는 세계 모든 국가가 관세 전쟁에 뛰어들면 세계 교역은 무려 3.60% 급락할 것으로 분석됐다. 이에 따른 한국 수출 감소액은 관세 전쟁의 수준이 가장 낮은 상황에서도 천문학적이었다. 미국과 중국 양국의 관세 전쟁 때는 최대 150억 달러가 감소하고 모든 국가 간 관세 전쟁이 발생하면 191억 달러가량 쪼그라드는 것으로 나왔다. 전 세계가 관세 전쟁을 벌이는 최악의 사태가 벌어지면 한국 수출 감소액은 무려 347억 4000만 달러에 달하게 된다. 그 결과 한국의 경제성장률은 최소 0.5%p에서 최대 1.1%p 떨어지는 것으로 추산됐다. 한국 취업자 수도 최소 12만 8000명에서 최대 31만 3000명이 줄어든다.

산업연구원 역시 2024년 12월 보고서 〈트럼프 보편관세의 효과 분석: 대미 수출과 부가가치 효과를 중심으로〉에서 비슷한 결과를 예상했다. 연구원은 트럼프 2기에 보호무역주의 기조가 확대하면 한국의 대미 수출이 최소 9.3%에서 최대 13.1% 감소할 것으로 봤다. 미국이 중국을 제외한 수입 상대국에 10%, 중국에 60%의 관세를 부과한다면 대미 수출은 9.3% 줄고, 멕시코와 캐나다에는 10%, 중국에는 60%, 한국을 포함한 그 외 국가들에 20%의 관세를 부과한다면 13.1%까지 감소할 것으로 예측됐다. 이때 관세 전쟁의 가장 큰 피해 품목은 한국 수출에서 효자 노릇을 하는 자동차와 반도체다. 한국무역협회는 트럼프 대통령이 공약대로 10%의 보편관세와 60%의 대중국 고율 관세를 부과하면 한국의 대미 수출이 10.1%, 대중 수출도 2.5% 감소할 것이라고 내다봤다.

세계적인 투자은행과 국내 증권사들도 잇따라 트럼프 2기 한국 경제가 직면할 수 있는 위험성을 경고했다. 골드만삭스는 관세 전쟁이 벌어지면 한국의 경제성장률이 1%p 하락할 것으로 예상했다. 메리츠증권은 수출 충격만으로도 한국은 1% 경제성장률 달성도 힘들 수 있다는 어두운 전망을 제시했다. 국제통상 전문가인 제프리 샷 미국 피터슨국제경제연구소 선임연구원은 2024년 10월 세계경제연구원 온라인 세미나에서 트럼프 2기가 시작되면 한국 경제가 벼랑에 몰릴 수 있다고 경고했다. 보호무역 조치들이 강화되면 자동차와 반도체 등 한국 주력 제품에 대한 수출 제한 가능성이 커지기 때문이다. 그는 한미 FTA가 한국의 이익을 보호해주리라고 막연히 기대하는 것은 위험하다고도 지적했다.

트럼프 2기에는 수출만 위태로운 게 아니다. 관세 전쟁은 한국의 내수 경기에도 부정적이다. 달러 강세가 꺾이지 않을 확률이 높기 때문이다. 이미 원/달러 환율은 트럼프 당선 가능성과 함께 급등하기 시작했다. 대통령 당선 전까지 달러당 1400원을 넘지 않았던 환율은 트럼프 2기 출범을 앞두고 계속 오르더니 12·3 내란 사태 이후 달러당 1500원에 근접하기도 했다. 원/달러 환율이 상승하면 수입 물가가 올라가게 마련이다. 고환율은 수출 물량을 늘리는 데 도움이 되기도 하지만 부정적인 측면이 훨씬 많다. 한국 기업들은 대체로 완제품 생산에 투입되는 원자재를 수입한다. 많은 기업이 해외에 대규모 생산 거점을 두고 있다. 원화 가치가 급락하면 비용이 급증해 수익성에 비상등이 켜진다.

달러 강세는 윤석열 정부 내내 국민을 괴롭혔던 인플레이션을 유발할 수 있다. 국제 에너지와 원자재 가격이 안정된다고 해도 고환율은 수입 물가를 밀어 올리기 때문이다. 수입 물가는 생산자 물가를 거쳐 소비자물가에 영향을 준다. 높은 물가가 국민의 삶을 얼마나 피폐하게 만드는지는 코로나19 팬데믹 이후 거의 모든 나라가 경험한 바 있다. 명목 소득이 평균적으로 늘어도 적지 않은 서민들이 생활고에 빠진다. 실질소득이 줄기 때문이다. 각국의 중앙은행은 높은 물가를 잡기 위해 기준금리를 올릴 수밖에 없다. 금리가 오른다는 것은 돈을 빌릴 때 이자가 늘어나는 것을 의미한다. 기업이나 가계 모두 자금을 조달하기 힘들고 기왕에 빌린 돈에 대한 이자도 불어난다. 고물가와 고금리는 삶의 질을 급격히 떨어뜨린다. 고환율에서 시작된 파장이 고물가와 고금리로 이어지며 국가 경제를 피폐하게 만드는 것이다.

트럼프 2기가 어떤 위기를 몰고 올지는 충분히 예상됐으나 한국은 선제적 대책을 세우지 못했다. 윤석열이 12·3 친위 쿠데타로 사실상 모든 국가 기능을 마비시켰기 때문이다. 일본과 중국, 멕시코 등 미국의 주요 교역국은 트럼프 2기 출범을 앞두고 관세 폭탄의 피해를 최소화하려고 다각적인 대책을 마련하고 있다. 하지만 한국은 '굳건한 동맹' 같은 알맹이 없는 말만 반복했을 뿐이다. 대통령 권한대행 체제라는 한계 탓이다. 한덕수에 이어 최상목이 권한대행을 맡았지만 할 수 있는 일이 거의 없었다. 트럼프 2기를 앞두고 여러 차례 관련 논의가 있었으나 그럴 때마다 대응책은 원론적 수준에 그쳤다.

"트럼프 행정부 출범으로 대내외 불확실성이 확대될 것이다. 우리 경제에 미칠 파장을 꼼꼼하게 챙겨 국익 관점에서 대미 협력 방안을 마련하겠다. 가용수단을 총동원해 미국 신정부와 긴밀히 소통하고 협의할 것이다."

그러나 말뿐이다. 정부 차원의 구체적인 대책이 없자 한국 기업들은 각자도생에 나섰다. 한국 정부가 무기력하게 시간을 보내는 동안 미국의 주요 교역국들은 트럼프 2기 출범 훨씬 전부터 미국산 에너지와 농산물 수입을 늘리는 등 대미 무역흑자 규모를 축소하기 위한 여러 대책을 제시했다. 일부 국가는 트럼프 대통령이 솔깃할 만한 방안을 내놓았고 일부는 당근책과 더불어 강경 대응을 천명하기도 했다. 미국이 부당하게 관세 또는 비관세 장벽을 세우면 이에 상응하는 보복 관세를 부과하겠단 것이다.

이에 비해 한국은 트럼프 행정부의 눈치만 보고 있다. 트럼프 2기를 준비하지 못한 후폭풍은 현재진행형이다. 그 피해가 얼마나 클지도 알 수 없다. 윤석열 친위 쿠데타는 가장 중요한 시기에 대미 통상 외교의 진공 상태를 초래했다. 이로 인한 부담과 고통은 고스란히 우리 국민과 한국 기업의 몫이 됐다.

한국 기업들의
운명과 선택
험난한 각자도생의 길

    도널드 트럼프 대통령은 당선 직전인 2014년 10월 《뉴욕타임스》와 인터뷰하며 미국에 진출한 우리 기업들의 가슴을 서늘하게 만든 폭탄 발언을 쏟아냈다. 조 바이든 행정부의 보조금 정책을 비판하는 맥락에서 나온 말이다.

    "그 거래는 정말 나쁘다. 단 10센트도 내놓지 않아도 된다. 내 말은 매우 높은 관세를 부과해 그들이 미국에 와서 반도체 기업을 공짜로 설립하도록 하겠다는 것이다."

    미국에 첨단 반도체를 생산할 공장을 짓고 있던 삼성전자와 SK하이닉스는 물론 전기차와 배터리 기업들도 신경을 곤두세울 수밖에 없었다. 이 인터뷰는 트럼프 2기의 미국의 글로벌 공급망과 산업정책이 어떻게 흘러갈지 가늠할 수 있는 일면을 보여준다. 특히 미국에 진출한 기업들의 운명을 암시한다. 미국의 경제성장과 일자리 창출을 위해 투자해 온 외국 기업들이 '낙동강 오리알' 신세가 될 수 있다는 게 핵심 메시지다. 중국을 배제한 글로벌 공급망 재편을 추진했던 바이든 행정부의 전략에 발맞춰 천문학적 자금을 미국에 쏟아부은 한국 기업들은 궤도를 수정하지 않을 수 없게 됐다. 중국 배제와 미국 내 기업 유치라는 측면에서는 트럼프 행정부도 바이든과 다를 바 없으나 문제를 '관세'로 풀어가겠다는 게 차이점이다. 관세 장벽을 높일 수 있을 만큼 높여 미국에서 생산하지 않으면 도저히 견딜 수 없게 만드는 것이 트럼프 대통령의 전략이다.

바이든 행정부가 약속한 보조금과 세액공제, 저리의 대출 등 파격적인 혜택을 철석같이 믿고 미국에 거액을 투자한 한국 기업들은 발등에 불이 떨어졌다. 반도체 공장을 짓는 기업들의 경우 이미 보조금 액수까지 정해졌지만 여전히 안심할 수 없다. 트럼프 대통령은 배터리와 전기자동차 등 환경 관련 산업이 수혜 대상인 인플레이션 감축법IRA을 폐지하겠다고 공언했다. 현실적으로 '없었던 일'로 돌이키기에는 쉽지 않겠지만 지원액을 축소하거나 정부 보조금 지급 조건을 까다롭게 할 가능성이 있다. 그렇게 되면 한국 기업들은 투자 대비 실익이 떨어진다.

바이든 행정부 때 정한 원칙이 유지된다고 해도 트럼프 대통령의 변덕이 언제 발동할지 모른다. 트럼프 2기 내내 이런 불확실성이 이어지는 사태가 반복적으로 일어날 수 있다. 문제는 한국 기업들이 대응할 만한 카드가 거의 없다는 점이다. 사실상 트럼프 대통령의 호의에만 기대야 할 형편이다. 미국 투자를 더 늘리는 방식으로 불이익을 차단할 수 있겠으나 수익성이 담보되지 못하면 큰 손실을 볼 수 있다.

한국 전체 수출에서 약 20%를 차지하는 반도체 기업들의 운명은 최대 관심사다. 삼성전자는 오는 2026년 완공을 목표로 약 170억 달러를 투자해 미국 텍사스주 테일러에 반도체 공장을 짓고 있다. 투자 규모를 450억 달러로 확대할 것이라는 계획도 발표했다. SK 하이닉스는 인디애나주 웨스트라피엣에 38억 달러가량을 투입해 반도체 공장을 건설 중이다. 이에 바이든 행정부는 임기 종료를 몇 달 앞두고 삼성전자와 SK하이닉스에 각각 64억 달러와 4억 5000만 달러의 보조금을 지급하기로 확정했다. 트럼프 대통령은 투자 기업에 대한 보조금의 근거인 반도체 지원법을 비난하지만 의회에서 법률로 정한 계약을 일방적으로 파기하기는 사실상 가능하지 않다. 더욱이 삼성전자 반도체 공장을 유치한 텍사스주 등 신규 일자리가 창출될 지역의 공화당 의원들이 반도체 지원법의 무력화를 지켜보고만 있지는 않을 것이다. 이런 정황을 고려하면 기왕에 확정된 투자는 차질 없이 진행될 것으로 보인다. 다만 트럼프 대통령이 보조금에 수시로 불만을 표출하고 있어 확정적으로 단언할 수는 없다.

LG에너지솔루션과 삼성SDI, SK온 등의 배터리 기업들도 바이든 행정부 때 미국에 대한 투자를 확대했다. 단독으로 공장을 짓는 프로젝트와 함께 미국이 전기자동차의 주요 수요처인 만큼 미국 완성차 업체들과 공동 투자하는 방식을 택하기도 했다. 배터리 기업들이 막대한 자금을 미국에 투자하게 된 결정적 이유는 인플레이션 감축법에 있다. 북미 지역에서 생산된 배터리와 원산지 요건을 충족한 핵심 광물에 대해 전기차 한 대당 최대 7500달러의 보조금을 지원한다는 게 이 법의 핵심 내용이다. 배터리 생산 과정에서도 일정 조건이 맞으면 세액공제를 받을 수 있다.

걱정스러운 점은 트럼프 대통령이 반도체 지원법보다 더 강도 높게 인플레이션 감축법의 폐지 의사를 밝히고 있다는 것이다. 외국 기업 지원에 너무 많은 재정을 투입한다는 이유에서다. 2024년 12월 로이터는 트럼프 2기 행정부 정권 인수팀의 내부 문건을 입수해 보도했다. 해당 문건을 보면 인수팀은 미국 인플레이션 감축법에 따른 전기차 보조금의 지급 규정을 폐지할 것을 요구했다. 또 바이든 행정부에서 전기차 충전소 확충 등에 투입할 예정이던 75억 달러의 정부 예산도 국가 방위 공급망을 포함한 다른 기반 시설에 써야 한다고 주문했다.

트럼프 대통령은 인플레이션 감축법을 '녹색 사기'라고 비난하며 세제 혜택 축소를 주장한다. 트럼프 행정부가 정말 인플레이션 감축법을 폐지하거나 세액 혜택을 줄이게 되면 미국에 투자한 배터리 기업들은 큰 타격을 받는다. 전기차 수요를 위축시키고 배터리 판매 실적에 타격을 줄 수 있다. 업계에서는 미국에서 배터리 판매량이 20% 이상 감소할 것이라는 전망도 나온다. 그렇지 않아도 배터리 기업들은 일시적 수요 정체인 '캐즘'과 중국 기업들의 저가 공세로 고전하고 있다. 이미 세계시장에서 한국 배터리 3사의 점유율은 계속 내리막길을 걷고 있는데, 전기차 시장의 빠른 팽창 속도를 보고 거액의 투자금을 쏟아부은 배터리 기업들은 그야말로 혹독한 시절을 맞았다. 여기에 더해 미국 정부가 약속한 보조금과 세액공제 혜택마저 사라진다면 배터리 업체들은 수익을 내는 것이 불가능해진다. 인건비와 물가가 높은 미국에서 공장을 돌리려면 다른 나라보다 많은 운영비가 든다. 투자를 전면 재조정하거나 매몰 비용을 감수하고라도 철수해야 하는 곤경에 처할 수 있다.

미국 전기차 시장을 보고 대규모 투자에 나선 현대차도 타격을 받을 것이다. 인플레이션 감축법이 폐지되거나 지원이 축소되면 전기차 판매가 감소할 것이기 때문이다. 현대차는 2024년 10월 미국 조지아주에 연간 최대 40만 대를 생산할 수 있는 전기차 전용 생산공장 '메타플랜트'를 준공했다. 미국 정부가 배터리와 전기차에 보조금을 지급한다는 것을 전제로 약 76억 달러를 투자한 공장이다. 아이오닉5를 시작으로 미국에서 판매할 전기차를 생산한다.

인플레이션 감축법으로 혜택을 본 주는 공화당 우세지역이 많아 법이 전면 폐지될 확률은 높지 않다. 하지만 트럼프 대통령은 더 많은 투자를 유치하기 위해 지원 조건을 더 까다롭게 바꿀 가능성이 있다. 세제 혜택에 대한 불확실성이 증가할 수 있다는 뜻이다. 미국에 많은 자금을 투입한 한국 기업들은 각자도생에 나설 수밖에 없다. 윤석열 내란 사태로 정부 차원에서 할 수 있는 일이 제한적이기 때문이다. 말로는 트럼프 행정부와 긴밀하게 소통한다지만 본격적인 '거래'는 정상적인 정부 출범 이후가 될 것으로 보인다. 이런 상황을 너무나 잘 알고 있는 한국 기업들은 바이든 행정부가 약속한 지원을 관철시키기 위해 다방면으로 뛰고 있다.

보조금과 세액공제 등 미국 정부의 지원 문제가 원만하게 해결된다고 해도 실적이 뒷받침되지 않으면 어려움을 겪을 수 있다. 미국 공장을 유지하는 데는 만만치 않은 비용이 든다. 2023년 9월 말 한국무역협회가 발표한 보고서 〈미국과 EU의 반도체 산업 육성전략과 시사점〉은 한국 기업들이 대미투자에서 받을 수 있는 보조금이 설비투자액의 5~15%에 달하지만 막대한 운용비와 법에 명시된 준수 요건을 주의해야 한다고 지적했다. 미국 내 반도체 제조시설의 운용비용은 제3국 대비 20~30% 높다. 경제협력개발기구OECD 회원국과 비교해도 미국 내 인건비는 높은 편이다. 보조금과 세액공제는 단기 혜택에 그칠 수 있으나 중장기 운용비용은 계속 증가할 것이다. 무역협회 보고서는 '미국의 임금수준은 20년 이상 OECD 평균을 크게 웃돌았고 구조적 변화가 없으면 앞으로도 반도체 기업은 높은 운용비용을 부담할 가능성이 클 것'이라고 경고했다.

세계 파운드리(반도체 위탁생산) 시장 1위 기업인 대만의 TSMC 창업자 모리스 창도 2023년 4월 한 토론회에서 비슷한 주장을 펼쳤다. 그는 특히 미국 내 반도체 공장 건설비가 다른 나라에 비해 많이 든다는 점을 강조했다.

"미국의 반도체 칩 생산 비용이 2배로 높아질 수 있다. 미국이 왜 그렇게 많은 반도체 제조시설을, (생산이) 효율적인 아시아 지역에서 미국으로 옮기려 하는지 이해할 수 없다. 비용이 2배가 되면 (미국의) 칩의 보급은 멈추거나 상당히 느려질 것이다."

대만 안에서도 TMSC의 미국 공장이 수익성을 확보하기 쉽지 않을 것이라는 언론 보도가 나왔다. 모리스 창 창업자의 주장이 사실이라는 것이다. 대만 언론은 비용 증가뿐 아니라 반도체 인력 부족도 문제가 될 것이라고 지적했다. 한국에서도 미국에 반도체 공장을 짓는 삼성전자의 비용이 계속 증가하자 실익이 있겠느냐는 비판이 꾸준히 제기됐다. 삼성전자의 한 고위 임원은 필자에게 "중국과 비교해 미국의 반도체 공장 건설과 운영비는 훨씬 더 높다"며 "경제적 측면만 보면 미국에 공장을 지을 이유가 없다"라고 털어놓았다. 미국 반도체산업협회SIA에 따르면 미국에서는 한국과 대만 등과 비교해 10년 동안 반도체 공장을 건설, 운영하는 데 약 30% 더 비싼 것으로 조사됐다.

전기차와 배터리 기업들 역시 미국 공장에서 수익성을 확보하기가 쉽지 않다. 트럼프 2기 행정부가 실제로 인플레이션 감축법을 폐지하거나 지원을 축소하면 치명적인 타격을 받게 된다. 보조금을 받지 못하면 전기차 배터리 제조비용은 대당 평균 500만 원 늘어날 것이라는 추정치도 있다. 전기차 보조금을 받는다고 해도 반도체 산업과 마찬가지로 높은 운영비는 큰 부담이다. 전기차 판매가 더 빠른 속도로 증가해야 이익을 낼 수 있을 것으로 보인다.

트럼프 2기 행정부가 배터리와 핵심 광물, 충전 부품에 관세를 얼마나 부과할 것인지도 한국 전기차와 배터리 기업의 운명을 결정하는 요인이다. 각국과 개별 협상을 통해 일부 관세를 면제할 수도 있겠으나 모든 수입품에 관세를 부과한다면 배터리 산업은 큰 어려움에 봉착한다. 더 큰 문제는 흑연과 코발트 등 배터리의 주요 원자재 공급망에선 중국의 비중이 크기 때문에 대응도 쉽지 않다는 점이다. 트럼프 대통령은 대선 기간 동안 중국산에 대해 60%의 보편적 관세를 부과하겠다고 했다. 기업들은 현재 여러 상황을 가정해 대비하고 있을 것이다. 하지만 미국의 높은 인건비와 생산시설 운영비용, 전기차 수요의 일시적 정체 등 수많은 악재들은 트럼프 2기 미국에 진출한 한국 기업들을 힘들게 하고 있다.

트럼프식 협상의 지렛대를 간파하라

생존을 위해 해결해야 할 것들

트럼프 행정부 1기 때인 2019년 팀 쿡 애플 최고경영자는 백악관에 직접 전화를 걸었다. 대통령에게 접촉할 때 다른 기업인들이 대관 업무를 맡은 임원이나 정관계 로비스트를 통하는 것과 달리 그는 트럼프 대통령과 직접 통화했다. 약속을 잡고 함께 식사도 했다. 트럼프 대통령은 팀 쿡 최고경영자를 이렇게 치켜세웠다.

"남들이 통화를 안 할 때 그는 내게 직접 전화를 걸었다. 그래서 그가 정말 대단한 경영인이라는 것이다."

미국《월스트리트저널》은 2024년 11월 흥미로는 기사를 썼다. 트럼프가 대통령에 당선되자 팀 쿡 최고경영자의 비법을 미국 재계 인사들이 다시 주목하고 있다는 내용이다. 기사에 따르면 팀 쿡은 트럼프 대통령과 식사하고 친분만 쌓은 게 아니라 결정적인 이익도 챙겼다. 트럼프 대통령은 1기 때도 중국산 수입품에 대해 일률적으로 10% 관세 부과를 추진했다. 당시 애플 아이폰의 공급망은 중국에서 생산해 미국으로 수입하는 구조였다. 당연히 관세 부과 대상이었다. 팀 쿡은 트럼프 대통령과 직접 담판했다.

"아이폰에 관세를 부과하면 가격이 올라 미국 기업인 애플만 손해를 본다. 삼성전자 갤럭시 같은 외국 경쟁사만 유리해지는 것이다. 아이폰을 관세 부과 대상에서 제외해달라."

트럼프 대통령과 돈독한 관계를 유지했던 쿡 최고경영자의 설득은 먹혀들었다. 트럼프 1기 행정부는 중국산 수입품에 대한 관세 부과 대상에서 아이폰을 포함한 전자제품을 제외했다. 이에 화답하여 쿡 최고경영자는 텍사스 오스틴 소재 '맥 프로' 조립 공장을 중국으로 이전하겠다는 계획을 철회했다. 트럼프 대통령과 함께 오스틴 공장을 방문하는 '정치적 쇼'도 연출했다.

팀 쿡 최고경영자의 전략은 한국 정부와 기업들에게 영감을 주는 사례다. 여기에 트럼프 대통령이 1987년 부동산 사업 경험을 바탕으로 저술한 《거래의 기술》을 참고하면 위기를 기회로 돌릴 방안을 찾을 수 있을지도 모르겠다. 트럼프 대통령은 기본적으로 '협상'을 즐기는 성향이다. 협상 방식은 일단 자신이 얻을 수 있는 최대한의 것을 던진 뒤 상대의 반응을 떠보는 식이다. 크게 생각하고 선택의 폭을 넓힐 수 있을 만큼 넓히는 습성이 몸에 밴 사람이다. 본격적인 협상에 앞서 남들이 보기에 터무니없는 결정을 내리는 것은 그의 이런 신념에 근거한다. '미치광이' 전략이라는 말이 나온 이유도 여기에 있다.

하지만 이것만으로는 트럼프 대통령과의 거래에서 승리할 수 없다. 그의 '현실 감각'을 활용할 필요가 있다. 《거래의 기술》에서 트럼프는 쓸 만한 것에 돈을 쓰라고 충고한다. 그가 현장의 중요성을 강조한 것도 같은 맥락이다. 미치광이 전략도 결국 현실적으로 최대치를 얻어내려는 수단에 불과하다. 즉 협상 카드라는 이야기다. 최대로 얻으려는 전략은 최악을 피하려는 성향과 일맥상통하는 면이 있다. '미치광이'라는 말을 듣지만 트럼프 대통령은 의외로 꼼꼼한 성격이다. 겁도 많다. 사업가로서 트럼프 대통령은 항상 최악의 경우를 가정하고 투자나 사업 방향을 결정했다. 다양한 수를 놓고 신중하게 계산하는 그의 성격을 고려하면 협상을 쉽게 풀어갈 수도 있을 것이다.

또한 트럼프 대통령은 언론의 활용을 매우 중요하게 생각한다. 사업가일 때도 그랬지만 정치가로 변신한 이후에는 더 그랬다. 다만 《뉴욕타임스》와 CNN 같은 기존 언론은 그에게 호의적이지 않았는데, 언론과 대중의 속성을 잘 아는 그는 불리한 여건을 유리하게 돌렸다. 자신에 적대적인 언론에 '가짜 뉴스' 프레임을 씌운 것이다. 이런 역공은 그의 존재감을 더 드러내는 효과로 나타났다. 팀 쿡 최고경영자가 중국으로의 이전을 철회한 공장으로 트럼프 대통령을 초청한 것은 성공적인 전략이었다. '언론에 보여주기'를 중시하는 트럼프 대통령을 만족시켰기 때문이다.

트럼프 대통령은 모든 것을 게임으로 생각한다. 사업도 정치도 그에게는 게임일 뿐이다. 게임광의 특징은 승리를 좋아한다는 것이다. 어떻게든 이겨야 직성이 풀리는 그의 성향을 역이용하면 작게 주고 크게 얻을 수 있다. 작은 것을 주는 것으로 설득이 안 될 때는 크게 주는 방법도 고려해야 한다. 내놓지 않으려다가 아무것도 얻지 못하고 협상이 어긋날 수 있다. 트럼프 대통령에게 승리감을 느끼게 해주며 실속을 차리는 전략이 필요하다.

트럼프 2기 출범을 앞두고 외교 전문가와 연구기관도 대체로 비슷한 충고를 했다. 웬디 커틀러 아시아 소사이어티 정책연구소 ASPI 부회장은 2025년 1월 8일 연합뉴스와 인터뷰하며 가장 먼저 줄 것과 받을 것을 정확히 계산할 것을 주문했다. 그는 미국무역대표부USTR 부대표를 지낸 통상 전문가다. 2006년 한미 FTA 협상 때 미국 수석대표이기도 했다. 그는 한국이 미국과의 교역에서 너무 많은 무역수지 흑자를 기록하고 있는 현실을 트럼프 대통령이 시비를 걸 것이라며 이렇게 권고했다.

"한국은 무역 불균형 문제를 심각하게 받아들이고 있으며, 미국의 무역 적자를 줄이기 위해 미국 제품과 서비스를 더 구매하고 대미 수출을 줄이려는 노력 등을 하고 있다는 신호를 보낼 필요가 있다."

트럼프 대통령 취임 훨씬 전부터 미국의 주요 교역국들은 미국산 에너지와 농산물 수입을 늘리는 방안을 구체적으로 마련하고 있지만 한국은 내란 사태로 촉발된 정치적 혼란 탓에 그렇게 하지 못했다. 이제라도 한국이 무역 불균형을 줄이기 위해 어떤 노력을 하는지 트럼프 행정부에 보여줘야 한다. 또 한국 기업의 투자가 미국에 얼마나 많은 일자리를 만들고 한국 기업이 진출한 지역 경제 발전에 도움을 주고 있는지도 기회가 날 때마다 알려야 한다.

이런 한미 협력이 중국의 추격을 따돌리는 효과적인 전략임을 강조하는 것 또한 필요하다. 이를 위해서는 미국이 약한 부분을 한국이 채워주며 미국 경제 성장에 일조하고 있는 실제 근거와 논리를 개발해야 한다. 《거래의 기술》에서 트럼프는 협상할 때 지렛대를 이용하라는 조언을 했다. 그가 관세, 비관세 장벽 카드 등을 끊임없이 늘어놓는 것도 이런 협상 전략에 따른 것으로 보인다. 그렇다면 트럼프 대통령에게 관세는 진짜 협상의 도구일까? 커틀러 부회장의 생각은 이러하다.

"트럼프의 참모 일부는 관세를 실제 부과하지 않고 지렛대로 이용하기를 선호하는 것 같다. 하지만 또 다른 참모들은 중국과 경제적으로 더 분리하고자 하는 계획을 관세를 통해 달성할 수 있다고 생각한다. 만약 트럼프가 모든 국가 혹은 일부 국가에 10~20% 관세를 부과한다면 그 이유는 해당 국가들과 협상해 무역 관계의 균형을 다시 맞추기 위해서일 것이다."

이런 맥락에서 보면 반도체 지원법과 인플레이션 감축법을 폐지하겠다고 공언한 것 역시 협상의 지렛대로 활용하기 위한 것일 수 있다. 두 법 모두 국적을 떠나 어느 기업이든 미국에 투자하면 보조금과 세제 혜택, 저리의 대출 등 지원을 아끼지 않겠다는 내용인데 이를 트럼프 대통령은 '예산 낭비'라고 여길 수도 있다. 여기에 들어갈 재원을 자신이 역점을 두고 있는 사업으로 돌리려고 할 수 있다. 그러기 전에 각국 정부와 기업들은 반도체와 배터리, 전기차에 대한 투자가 트럼프 대통령이 지향하는 가치와 다르지 않다는 점을 설득해야 한다.

트럼프 대통령의 전략을 똑같이 활용하는 것도 도움이 될 수 있다. 투자가 이루어진 지역의 공화당 의원을 협상의 지렛대로 쓰라는 뜻이다. 두 법에 따른 보조금과 세액공제로 해당 지역에 막대한 투자가 이루어진 공화당 의원이나 주지사 중에 트럼프 대통령과 가까운 인사들을 활용하면 효과가 클 수 있다.

현대경제연구원이 발표한 보고서 〈트럼프노믹스 2.0과 한국 경제〉도 커틀러 부회장과 비슷한 해법을 제시했다. 먼저 트럼프 2기의 관세 전쟁이 우리 경제에 미치는 영향을 과대 혹은 과소평가하는 잘못을 범하지 말 것을 권고했다. 그러기 위해서는 정부와 기업이 선제적이고 실효적인 대응 시스템 구축해야 하는데 이는 빠르면 빠를수록 좋다. 트럼프 대통령의 목표 '미국을 다시 위대하게MAGA'를 달성하려면 한국 정부와 기업의 협력이 필요하다는 것이 협상 의제가 되는 방법을 찾아야 한다.

관세 전쟁이 벌어지면 국제통상 환경과 금융시장의 변동성은 커질 수밖에 없다. 변화에는 위기와 기회 요인이 있는 만큼 과도한 불안감을 버리고 내정하게 대응하는 게 중요하다. 트럼프 대통령이 중시하는 의제와 그의 의도, 생각을 미리 읽고 대비한다면 트럼프 2기가 전화위복이 될 수도 있다. 한국무역협회는 〈2025년 글로벌 통상환경 전망〉에서 경제 안보 정책과 관세, 중국발 공급과잉, 자원 확보, 제조업 부흥 등 5가지 요소가 불확실성을 높이겠으나 그 가운데에서도 분명 기회를 찾을 수 있을 것으로 봤다. 예컨대 보편관세 위협은 개별 기업의 관세 면제 절차를 활용해 극복하고, 관세 전쟁으로 새로 열리는 시장에서 사업 기회를 찾는 것이다. 트럼프 1기 때에도 미국에 우호적인 기업에게는 개별 관세 면제 확률이 높았다. 그러기 위해서는 미국 제조업과 공급망, 일자리 분야에서 한국 기업들의 기여도가 얼마나 큰지를 증명해야 한다.

현대차가 좋은 예다. 트럼프 대통령 당선이 확정된 직후 미국 정부 기관과 연방 상원과 하원 의원실 등에 현대차가 미국 어디에 얼마나 투자했는지 알리는 홍보용 책자를 배포했다. 더 나아가 성 김 전 주한 미국대사를 그룹 대외협력 사장으로 영입했다. 현대차그룹 정의선 회장은 트럼프 대통령 취임식을 맞아 100만 달러를 기부하기도 했다. 미국 자동차 기업들과 보조를 맞춘 것이다. 이와 함께 현대차와 기아가 미국 여러 곳에 공장을 둔 미국 기업이라는 사실을 각인시키려는 전략을 펼치고 있다. 보편관세와 전기차 보조금 철회 또는 축소는 현대차그룹에는 치명적이다. 전체 투자나 수출에서 미국이 차지하는 비중은 절대적이기 때문이다. 미국 시장에 문제가 생기면 그룹 전체가 흔들릴 정도다. 트럼프 대통령 당선 전에도 현대차그룹은 제너럴모터스GM와 엔비디아 등 미국 기업들과의 협력 범위를 꾸준히 넓혀왔다. 이것 역시 트럼프 2기를 대비한 것이었다.

삼성과 SK, LG 등 다른 기업들도 마찬가지다. 글로벌 대관 조직을 총동원해 트럼프 2기 행정부 인사들을 공략하고 있다. 현대차그룹처럼 미국인을 발탁하지는 않더라도 미국에 오래 근무하며 현지 네트워크를 쌓은 경영진이나 외교관 출신을 곳곳에 포진시켰다. 트럼프 대통령을 비롯해 미국 정계와 개인적인 친분을 활용하는 기업인들도 있다. 대표적인 인물이 정용진 신세계 회장인데 그는 대통령 당선인 시절 트럼프를 만난 한국 최초의 기업인이다.

그러나 기업들이 각자도생하는 것만으로 불확실성과 위험으로 가득 찬 트럼프 2기를 슬기롭게 헤쳐 나갈 수 있을지는 미지수다. 정부가 기업과 소통하며 이인삼각 경주를 하듯 경제 통상 외교로 풀어나가야 할 사안이 한둘이 아니다. 이제 새로 출범하는 정부는 실속 없는 외교로 기업의 영업을 방해한 윤석열 정부를 반면교사로 삼을 필요가 있다. 공식, 비공식 채널을 널리 열어놓고 트럼프 행정부가 한국 기업에 유리한 방향으로 정책 결정을 하도록 하는 게 핵심이다. 그래야 더 막강해진 트럼프 2기에 우리 기업들이 미국 시장에서 압살당하지 않고 살아남을 수 있고, 더 나아가 위기를 기회로 돌릴 수 있다.

2장

경제 회복의 열쇠, 정치가 쥐고 있다

정치가 반드시
명심해야 할 과제

후진국 정치에 발목 잡힌 한국 경제

시가총액 140조 원 이상 증발

원화 가치 달러당 최소 30원 급락

실질 GDP 6조 3000억 원 감소…….

12·3 내란 사태가 터지고 한 달 만에 한국 경제가 입은 구체적인 피해액이다. 수치로 추정할 수 있는 것만 이 정도다. 오랜 기간 쌓아 온 한국의 국제적 신뢰로 하락에 따른 기업들의 수출 계약 취소와 사업 지연, 연말 모임 취소로 인한 자영업자와 소상공인 매출 급감 등 모든 피해를 합치면 전체 경제적 손실이 얼마나 될지 가늠하기 힘들 정도로 막대했다. 12·3 내란 사태는 정치적 불안이 경제의 발목을 잡은 또 다른 역사로 기록될 것이다.

대통령의 일탈이 경제를 얼마나 위험하게 만드는지는 내란 사태

당시 불확실성 지수가 극명하게 보여준다. 한국개발연구원KDI 경제 교육·정보센터가 산출하는 경제 불확실성 지수는 비상계엄이 선포된 2024년 12월 523.99까지 치솟았다. KDI가 이 지수를 산출하기 시작한 2013년 1월 이후 최고치다. 도널드 트럼프 대통령 당선으로 무역 전쟁이 예고됐던 2024년 11월보다 2배가 넘는 수치다. 직전 최고치는 일본이 수출을 규제했던 2019년 8월이었는데 이때도 지수는 300을 넘진 않았다.

갑작스러운 비상계엄 선포와 국회의 1차 탄핵소추안 불발, 2차 탄핵소추안 가결, 윤석열 체포 지연 등 일련의 내란 사건이 이어지면서 국내 증시와 외환시장이 얼마나 충격을 받았는지 그 추이를 보면 정치와 경제의 관련성을 생생하게 확인할 수 있다. 코스피와 코스닥 지수는 비상계엄이 선포된 다음 날인 2024년 12월 4일부터 9일까지 4거래일 연속 하락했다. 정치적 불안이 극대화되면서 개인과 외국인이 투매에 나섰다. 12월 7일 국민의힘이 탄핵 표결에 집단 불참하며 내란 상황이 연장되자 월요일인 9일 코스피와 코스닥 지수는 각각 67.58포인트(2.78%)와 34.32포인트(5.19%)나 빠졌다. 하루 만에 증발한 시가총액이 140조 원에 달했다. 우리나라 한 해 예산의 5분의 1이 넘는 돈이 사라진 것이다. 서울 외환시장에서는 원화 가치가 급락하며 원/달러 환율은 17.8원 오른 1437.0원을 기록했다. 내란 우두머리 혐의를 받는 대통령 윤석열이 또 비상계엄을 선포할 수도 있다는 불안감이 유령처럼 금융시장을 배회한 탓이다.

그러나 탄핵을 무산시킨 국민의힘에 대한 국민의 분노가 커지면서 분위기는 바뀌었다. 국민의힘 일부 의원이 공개적으로 탄핵에 찬성하면서 2차 탄핵소추안 표결에서는 가결 확률이 높아졌다. 12일 윤석열이 비상계엄을 정당화하는 성명을 발표한 직후 탄핵 찬성을 표명한 국민의힘 의원 수는 더 늘었다. 이런 추세라면 탄핵은 무난히 가결될 것으로 예상됐다.

금융시장은 이런 정세 변화를 그대로 반영했다. 10일부터 코스피와 코스닥 지수가 상승세로 전환했다. 10일과 11일 코스피는 전장 대비 각각 2.43%와 1.02% 상승했다. 같은 시기 코스닥 지수도 각각 5.52%와 2.17% 올랐다. 12일에도 코스피와 코스닥 지수는 상승세를 이어갔다. 코스피 지수는 전장보다 39.61포인트(1.62%) 오른 2482.12로 장을 마감했다. 코스닥 지수는 전장보다 7.43포인트 (1.10%) 오른 683.35에 거래를 마쳤다. 비상계엄 선포 이후 하락 폭을 어느 정도 만회한 것이다.

정치적 불안과 불확실성이 커질 때마다 주가는 하락하고 원화 가격은 급락한다. 금융시장이 요동치자 글로벌 3대 신용평가사들은 급기야 한국 경제에 경고장을 날렸다. 윤석열이 한남동 대통령 관저에 숨어 제2의 내란을 획책하던 2025년 1월 9일 최상목 대통령 권한대행 부총리 겸 기획재정부 장관을 접견한 무디스와 피치, S&P의 국가신용등급 담당자들을 통해 나온 메시지다.

정치적 불확실성이 (현재로서는) 한국 경제에 미치는 영향은 제한적이나, 이것이 장기화하면 외국인 투자 또는 기업의 의사결정에 미치는 부정적 영향을 간과할 수 없을 것이다.

어떤 명분도 이유도 없는 비상계엄 선포로 윤석열 정부가 스스로 명을 재촉하기 전까지 2년 6개월은 그야말로 정치가 한국 경제의 발목을 잡고 있던 대표적 시기였다. 내란 정국이 한창이던 2024년 12월에도 여당과 야당은 중요한 경제 법안들을 놓고 동상이몽에 빠졌다. 그 결과 진짜 급한 민생 법안의 처리가 뒷전으로 밀렸다. 반도체 특별법만 해도 그렇다. 이 법안은 세계적인 기술 전쟁이 벌어지는 전략 산업에 대한 정부 재정 지원 등의 내용을 담고 있다. 여기서 쟁점이 됐던 부분은 연구개발 인력에 대한 '주 52시간 근무' 예외 허용 여부였다. 정부와 여당은 반도체 산업에 종사하는 연구직 고연봉자에 한해서는 주 52시간 근무 규제에 묶어 둬서는 안 된다는 논리를 폈다. 노동자의 장시간 근무를 불허하는 근로기준법의 근간을 흔드는 주장이었다. 대만의 TSMC 등 세계시장에서 우리와 경쟁하는 기업들은 연구직 근무 시간을 제한하지 않는다는 점을 근거로 들기도 했다.

그러나 이는 매우 억지스러운 주장이다. 대만의 노동계 역시 기업의 장시간 근무 관행에 반발하고 있다. 대만의 사례를 든 것은 우리보다 뒤떨어진 노동 제도를 본받자는 것과 같다. 연구원도 사람이다. 기계가 아니다. 더욱이 현행 제도에서도 근무 시간을 유연하게 활용하면 얼마든지 연구에 집중할 수 있다. 한국의 반도체 경쟁력이 떨어지는 것은 연구직의 일하는 시간을 주 52시간으로 묶어

뒤서가 아니다. 기업 경영진이 적기에 투자를 못 하거나 기술 개발이 늦어진 탓이 크다. 한마디로 경영 실패에서 비롯된 것이다. 반도체 특별법에 주 52시간 예외 규정을 두자는 건 경영진의 잘못을 연구직 탓으로 돌리려는 불순한 의도가 담긴 것으로 볼 수밖에 없다. 이에 거대 야당인 더불어민주당은 노동자의 과로 위험이 있고 기업이 악용할 소지가 있다며 반대했다. 합리적인 이의 제기였으나 여당은 수용하지 않았다. 이렇게 여야가 평행선을 달린 결과 법안 처리는 늦어졌다. 타협과 양보에 바탕을 둔 정치가 정상적으로 작동했다면 어렵지 않게 국회 문턱을 넘을 수 있는 법안이었다.

반도체 특별법 외에도 국가 전력망 특별법과 해상풍력 특별법 등도 여야가 원만하게 합의해 처리할 수 있었던 법안이다. 빅데이터와 인공지능 AI 등 4차 산업혁명에 가속이 붙으면서 에너지 수요가 급증하고 있다는 점에서 시급한 사안이기도 하다. 에너지 산업은 경제 발전의 근간이 되는 분야다. 전력망 특별법에는 핵심 전략 산업에 필수적인 전력 수급을 위한 주민 보상 강화와 각종 인허가 단축 내용이 담겼다. 해상풍력 특별법은 해상풍력을 늘리려는 목적으로 발의되었다. 경제 발전과 기업 지원에 필요하다고 여당과 야당 모두 공감대가 형성됐던 법안들이다.

그러나 여당과 야당은 당리당략과 지지층 눈치를 보며 지엽적인 세부 사항을 놓고 실랑이를 벌였다. 상식 차원에서 얼마든지 타협할 수 있는데도 그렇게 하지 않았다. 거대 야당이 국회를 장악하고 있는데도 정부와 여당은 작은 꼬투리를 잡아 시비를 걸었다. 친위 쿠데타로 막을 내린 윤석열 정부에서는 이런 식으로 갑론을박만 벌이다 폐기된 경제 정책이 한둘이 아니다. 경제 관련법이 바뀌어도 산업 현장에서 실효적으로 실행되려면 정부 부처가 적극적으로 지원해야 하는데, 거대 야당 주도로 통과된 법안에 대해 정부는 태업과 훼방을 일삼았다. 그것도 여의치 않으면 대통령이 거부권을 행사해 입법부인 국회의 권한을 무력화했다. 윤석열 정부 내내 이런 식이었다. 기업인들은 되는 일이 없다고 하소연했다.

극심한 내수 불황을 극복할 거의 유일한 카드였던 추가경정예산(추경)이 적기에 편성되지 않은 것도 정치 논리로 경제를 망친 사례다. 코로나19 팬데믹 이후 고물가·고금리·고환율 기간이 길어지면서 내수 경기는 파탄 지경에 이르렀다. 내수 불황이 어느 정도였는지 가늠할 수 있는 충격적 통계 수치는 소매판매액 지수다. 윤석열 정부 마지막 해였던 2024년 소매판매액 지수는 2% 이상 낮아졌다. 2003년 신용카드 대란 이후 21년 만에 가장 낮은 수치다. 2023년에도 소매판매액 지수는 1.6% 뒷걸음질했다. 소비 침체가 2년 동안 이어진 것이다. 모든 소비 제품 판매액이 2년 연속 감소한 것은 1995년 관련 통계가 집계된 이후 최초였다. 이에 야당뿐 아니라 경제단체와 자본시장 전문가들까지 신속한 추경만이 소비 절벽을 극복할 수 있다고 입을 모았다. 이창용 한국은행 총재도 추경이 필요하다고 목소리를 높였다. 경제적 측면만 보면 추경 편성은 당연했다. 하지만 여당인 국민의힘은 더불어민주당 이재명 대표를 위한 추경이라는 프레임을 씌웠다. 그러면서 이런 이유를 댔다.

"지역사랑상품권(지역화폐) 같은 무차별 현금 뿌리기식 낭비성 추경은 절대 안 된다. 민주당이 요구하는 추경의 목적은 이재명 업적 만들기에 있다. '이재명표 추경'은 재정건전성 악화와 국가부채 증가로 이어진다. 추경보다 예산을 조기 집행하는 게 먼저다."

경기침체로 국민이 고통을 겪고 있는데도 야당 대표가 주도하는 정책은 절대 수용할 수 없다는 태도였다. 기존 예산을 조기 집행하는 것만으로는 소비 진작 효과를 절대로 거둘 수 없다. 예산을 짤 때는 모두 사용처가 있게 마련이다. 조기 집행으로 연말에 쓸 예산이 부족해지면 추경으로 메워야 할 수도 있다. 추경의 효과를 극대화하려면 타이밍이 중요하다. 예산 조기 집행은 아랫돌을 빼서 윗돌을 괴는 꼼수에 불과하다. 낭비성 추경이라는 말도 궤변이다. 추경의 소비 진작 효과가 이미 실증됐기 때문이다. 한화투자증권이 국회 예산정책처 자료를 바탕으로 분석한 바에 따르면 GDP 대비 0.6% 안팎(약 15조 원)의 세금을 지출하면 0.2%p가량 경제성장률을 높일 수 있는 것으로 나타났다.

경제 논리로 풀어야 할 사안을 정치 대결로 몰아간 사례는 헤아릴 수 없을 만큼 많다. 원자력발전소(원전) 문제도 그렇다. 화석연료에서 신재생 에너지로 전환하는 과정에서 원전 비중이 줄어드는 건 자연스러운 일이다. 하지만 신재생 에너지의 '간헐성'이라는 특징 탓에 원전을 없앨 수는 없다. 탈원전이니 원전 산업 육성이니 하며 정치적 논쟁을 벌이다 보면 에너지 전환 정책에 차질이 빚어진다. 그만큼 경제적 기회비용이 늘어난다. 전기요금 역시 수요와 공급이 아닌 정치적 요인이 좌우한다. 전기 생산단가를 결정하는 국제 연료 가격이 오르는데도 전기요금을 장기간 묶어두기 일쑤다. 전기요금 인상은 인기 없는 정책이기 때문이다. 오죽하면 전기요금이 아니라 '정치 요금'이라는 말까지 나오겠는가.

순수한 경제 문제는 없다. 경제 정책은 시장과 정부의 역할 등을 바라보는 시각에 따라 달라질 수 있다. 정치가 영향을 미칠 수밖에 없다. 하지만 각자의 정치 이념을 떠나서, 국가 경제를 발전시키려면 자원의 효율적 배분과 이를 통한 생산성 향상이 필요하다는 사실에는 모두 공감할 것이다. 세부적인 내용에서는 이견이 있을 수 있으나 이 원칙만 공유한다면 정치가 경제의 발목을 잡는 일만은 피할 수 있다.

안타깝게도 한국 정치는 그렇지 못하다. 입으로는 효율적 자원 배분과 생산성 향상, 이를 통한 경제성장과 국민 삶의 개선을 이야기한다. 그러나 권력 투쟁이 벌어지면 경제 논리는 뒷전으로 밀린다. 더 많은 표를 얻기 위해 경제를 망치는 공약을 남발한다. 정치 논리에 따라 비현실적이고 파괴적인 결정이 이루어지는 게 다반사다. 대표적인 사례가 지방 공항 건설 공약이다. 대부분 적자가 뻔한데도 해당 지역 정치인들은 공항 건설을 고집한다. 여당이든 야당이든 지역민의 표를 잃지 않으려고, 예산 낭비가 훤히 보이는데도 반대하지 못한다.

경제를 위해 정치가 해야 할 일은 명확하다. 가장 중요하면서 명

심해야 할 과제는 정치적 불안과 불확실성을 최소화하는 것이다. 경제 이슈를 정치적 논쟁, 즉 정쟁으로 끌어들여서는 안 된다. '민생'이라는 말조차 나오지 않게 경제가 자연스럽게 돌아가게 하면 될 일이다. 경제 정책 측면에서는 성장과 분배의 균형추가 정중앙에 위치할 수 있도록 하는 게 핵심이다. 권력을 잡은 정부와 여당은 국가 경제 정책의 지향점과 비전을 명확하게 제시하고 이견에 대해서는 타당한 근거와 논리로 설득해야 한다.

정권이 바뀌어도 추진해야 할 개혁 과제는 사회적 합의가 필수적이다. 초고령 사회로 진입한 만큼 연금개혁과 노동개혁은 시급한 문제다. 낡은 세제를 뜯어고치는 개혁도 필요하다. 이는 다음 장에서 논의할 기본사회로 가기 위해 반드시 수행해야 할 과제이기도 하다.

모든 개혁은 기득권의 저항과 반발이 따르게 마련이다. 정권을 내놓겠다는 각오로 덤벼야 한다. 한마디로 더 나은 국가와 사회를 만들기 위한 개혁은 '고양이 목에 방울 달기'일 수 있다. 선거에서 표를 얻어야 하는 정치인으로서는 결코 쉽지 않은 일이다. 하지만 정치가 국가 경제를 발전시키고 국민 삶의 수준을 높였다는 평가를 받으려면 반드시 가야만 하는 길이다.

정책 실패의 산물,
저출생과 잠재성장률 하락

경제적 불평등을 해결하라

2024년 12월 24일은 한국 사회와 경제의 근간이 흔들릴 분기점으로 기록될 날이었다. 바로 대한민국이 '초고령 사회'로 진입한 날이다. 12·3 내란 사태에 묻혀 그 심각성이 조명되지 못했으나 제대로 대응하지 못하면 재앙의 시작될 수도 있다. 경제 규모는 쪼그라들고 사회는 활력을 잃는 '축소 사회'의 이정표가 될 것이라는 이야기다.

유엔은 전체 인구에서 65세 이상 고령자 비율에 따라 사회 유형을 나눈다. 고령자 인구 비율이 7% 이상이면 고령화 사회, 14% 이상이면 고령 사회, 20% 이상이면 초고령 사회다. 행정안전부 주민등록 인구 통계에 따르면 이날 한국의 전체 인구는 약 5100만 명이고 65세 이상 인구는 1024만 4550명으로 집계됐다.

한국은 세계에서 고령화 속도가 가장 빠른 국가다. 2000년에 고령자 인구 비율이 7.2%로 고령화 사회가 됐고, 2018년에는 14.3%로 고령 사회로 진입했다. 몇 년 전만 해도 초고령 사회 진입은 2026년쯤으로 전망했으나 이보다 2년 앞당겨졌다. 7년 만에 고령 사회에서 초고령 사회가 된 나라는 대한민국이 유일하다. 미국과 유럽 국가들은 최소 40년, 일본은 24년 걸렸다. 한국의 고령화 문제가 그만큼 심각하다는 의미다.

현재 흐름을 반영한 장기 청사진은 더 암울하다. 통계청이 2023년 12월 발표한 〈장래인구추계: 2022~2072년〉 자료를 보면 한국은 결국 '노인의 나라'가 될 확률이 매우 높다. 추계 마지막 해인 2072년 전체 인구를 나이순으로 줄을 세웠을 때 한가운데인 중위 나이는 63.4세로 상승한다. 즉 인구의 절반은 63세가 넘는다는 뜻이다. 1976년 20세였던 중위 연령은 1997년 30세, 2014년 40세에 도달했다. 2022년 44.9세였고 2031년에는 50세, 2056년에는 60세로 높아질 것으로 예상됐다. 이때부터는 환갑도 평균보다 어린 나이가 되는 것이다.

고령화와 더불어 저출생 추세도 이어질 것으로 예상됐다. 여성 1명이 평생 낳을 것으로 예상되는 합계출산율은 0.7명 또는 0.6명 후반대에서 바닥을 찍고 반등하겠지만 1명 초반대에 머무를 확률이 높다. 이런 시나리오가 맞는다면 경제 활동을 하는 인구가 부양해야 할 노인과 아이 비율도 2022년 0.4명에서 50년 뒤에는 1.2명으로 치솟는다.

노인 국가의 모습을 상상하는 건 어렵지 않다. 제조 공장이든 시장 점포든 젊은이들은 찾아보기 힘들다. 어디든 일하는 이들은 머리가 희끗희끗한 노인들뿐이다. 연구소도 마찬가지다. 20~40대 연구원들은 잘 눈에 띄지 않고 50대 이상 시니어 연구자들이 주류를 이룬다. 수명은 길어졌으나 은퇴 시기가 늦어지며 노후를 즐길 시간은 줄어든다. 전체 인구에서 차지하는 비율이 대폭 낮아진 청년층도 힘들기는 마찬가지다. 부양할 인구가 늘어 돈을 벌어도 세금을 내고 나면 저축할 여유가 없다. 그렇다고 사회적 비용을 피할 수도 없다. 세월이 흐르면 자신도 늙을 것이고 누군가는 나를 부양해야 한다.

노인 사회의 가장 큰 문제점은 생산성과 활력이 떨어진다는 것이다. 도전정신이 사라지고 노동생산성도 하락한다. 한국처럼 재벌을 정점으로 하는 기득권 카르텔이 공고한 사회는 저출생 고령화에 따른 혁신의 후퇴와 생산성 저하, 부와 소득의 불평등을 더욱 증폭시킨다. 그 징후는 이미 나타나고 있다.

한국은행 경제연구원은 2024년 6월 발표한 보고서에서 출산율 반등과 생산성의 대폭적인 개선이 없으면 한국 경제는 2040년대 마이너스 성장을 피하지 못할 것으로 내다봤다. 출산율을 단기간에 획기적으로 높이기 어렵다면 초고령 사회가 초래할 재앙을 피하는 유일한 방법은 생산성 향상뿐이다. 하지만 지금의 경제 체질과 정책 방향성을 바꾸지 않으면 그 또한 '그림의 떡'일 뿐이다. 한국 기업들의 연구개발R&D 지출 규모만 보면 생산성은 꾸준히 높아져야 정상인데 현실은 그렇지 않다. 연구 과제가 많고 여기에 투입하는 자금도 주요국에 비해 적지 않은데, 문제는 이것이 생산성을 높이는 성과로 이어지지 않는다는 것이다.

한국은행 보고서를 보면 한국 기업의 연구개발 지출 규모와 미국 내 특허출원 건수의 세계 순위는 각각 2위와 4위다. 선진국 중에서도 최상위권이다. 하지만 한국 기업의 연평균 생산성 증가율은 2001~2010년 6.1%에서 2011~2020년 0.5%로 급락했다. 다수의 특허출원 등으로 혁신 실적이 우수한 기업도 생산성 증가율은 같은 기간 연평균 8.2%에서 1.3%로 하락했다. 기업의 생산성 증가율이 10년 만에 10분의 1 이하로 떨어진 국가는 보기 드물다. 한국은행은 그 원인을 혁신 실적의 '양'만 늘고 '질'이 떨어졌기 때문으로 진단했다. 특히 종업원 수 기준으로 상위 5%인 대기업은 연구개발 지출과 특허출원 건수를 크게 늘렸으나 생산성과 직결된 특허 피인용 건수 등은 2000년대 중반 이후 눈에 띄게 줄었다. 중소기업과 벤처기업은 혁신에 투자할 재원 자체가 감소했다. 결국 연구개발 투자 재원마저 재벌기업이 독식하며 혁신 실적도 가성비가 하락한 것으로 해석할 수 있다.

저출생 고령화와 생산성 하락이 맞물리며 한국의 잠재성장률은 새로운 전망치가 나올 때마다 추락을 거듭하고 있다. 한국은행은 2024년 12월 중순 발표한 보고서에서 연평균 2%를 겨우 유지하던 잠재성장률이 향후 5년간 1.8%대로 낮아질 것으로 전망했다. 코로나19 팬데믹 충격의 영향과 노동시장 구조변화 등을 고려해 우리 경제의 잠재성장률을 재추정한 결과다. 2000년대 초반 5% 내외에

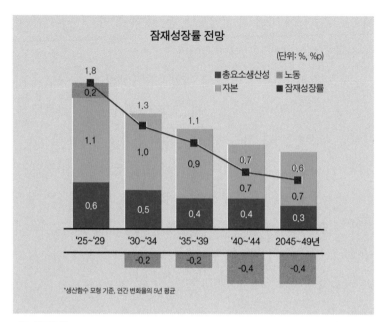

잠재성장률 전망

(단위: %, %p)

■총요소생산성 ■노동
■자본   ■잠재성장률

*생산함수 모형 기준, 연간 변화율의 5년 평균

자료: 한국은행

달했던 잠재성장률은 2010년대 들어 3% 초중반으로 내려앉았다.
이후 2016~2020년에는 2% 중반으로 낮아졌고 2024년엔 2.0%까지
추락했다. 한국은행은 우리 경제가 생산성을 획기적으로 높이지 못
한다면 잠재성장률이 5~10년 뒤에는 1% 초중반, 2040년대 후반에
는 0.6%로 낮아질 것이라고 경고했다.

　종말론적 미래가 뻔히 펼쳐지는데도 저출생 추세를 막지 못하는
이유는 뭘까? 김영미 동서대학교 사회복지학과 교수는 대통령 직
속 저출생 고령사회위원회 부위원장 자리에 있었던 2023년 3월 한

국보건사회연구원 월간지에 게재한 기고문에서 역대 정부의 저출생 정책이 거의 모두 실패했다면서 그 이유를 이렇게 진단했다.

지난 2013년 전 계층 무상보육을 시작으로 아동수당(2018년), 첫만남이용권과 영아 수당(2022년), 부모 급여(2023년), 육아 휴직제 확대 등 법과 제도적 틀과 재정 지원을 통해 약 280조 원을 투입했으나 지난 15년간 초저출생 추세를 반전시키지 못했다. 정년과 고용, 임금체계, 일자리, 연금, 건강보험 등 다양한 고용과 복지 제도 재편이 유기적으로 이뤄져야 하는데 그러지 못했다. 사업과 예산 집행률 위주로 진행됐고, 수백 개 부처별 사업이 우선순위 없이 포함되면서 효과성에 대한 평가와 성과 관리는 거의 이뤄지지 않았다. 과거와 달리 현재 세대는 다른 가치를 갖고 있고 성별, 계층, 집단, 거주지 등에 따라 다양한 것을 요구하고 있다. 정책 공급자인 정부 입장에서 부처별로 분절적으로 제공하는 정책은 체감도와 효과성을 모두 떨어뜨린다.

일리 있는 지적이다. 김동춘 성공회대 사회학과 교수는 2024년 4월 《시민언론 민들레》에 쓴 칼럼에서 이 기고문을 인용하며 윤석열 정부에서 일어났던 실제 사례를 들었다.

학교 교육의 다양성 및 교육 선택권 보장을 위해 자사고 존치 등 고교체제 개편 세부 방안을 마련하겠다고 했지만, 이것은 교육 경쟁을 유발하여 저출생을 심화하는 정책이고, 주거 부담이 저출생의 원인이라고 지적하면서도 공공임대주택 예산 5조 원을 삭감한 것도 역시 마찬가지다. 급기야 집권당인 국민의힘은 아이 셋 낳으면 병역을 면제해주자는 제안과 육아 부담을 줄이기 위해 저임금 외국인 도우미를 도입하자는 어처구니없는 정책까지 제안했다.

이런 해법은 피상적인 수준에 그치는 것이다. 초저출생의 원인을 좀 더 깊이 들여다보면 결국 경제 문제와 맞닿아 있음을 알 수 있다. 김 교수도 소득 최하위층 30대 남성의 결혼 비율이 20%인데 비해 최상위층은 86%에 달하는 구체적인 통계를 제시하며 '고용불안 상태의 가난한 남성 청년들이 결혼하지 못하는 것, 즉 가정을 꾸릴 수 없는 노동 현실이 더 근원적인 요인'이라고 했는데 정확한 진단이 아닐 수 없다.

다른 저출생 원인도 결국 '돈'에서 비롯된다. 결혼하고 아이를 낳으려면 안정된 일자리가 있어야 한다. 의사와 변호사, 회계사 같은 전문직, 대기업이나 공공기관 정규직, 공무원 등이 좋은 일자리에 해당한다. 그러나 현실은 어떤가? 원하는 직장에 들어가는 건 그야말로 낙타가 바늘구멍 들어가는 것만큼 어렵다. 취업문이 너무 좁다 보니 많은 청년은 아르바이트를 전전한다. 그나마 중소기업이나 비정규직 일자리는 여유가 있으나 대기업 정규직과 비교하면 급여와 복지수준이 너무 차이 난다. 원하는 직장에 들어가는 게 하늘에서 별 따기가 된 한국 사회에서는 경제 문제로 결혼하기 힘든 청년이 훨씬 많다. 결혼한 뒤 아이를 낳는 것도 여유가 있어야 가능하다.

"나 때는 단칸방에서도 오순도순 아이 낳고 잘만 살았다."

이렇게 말하는 어른들은 한국 청년들이 처한 절박한 현실을 몰라도 너무 모르는 꼰대다. 아이를 키우려면 주거가 안정되어야 한다. 정부마다 청년 주택, 신혼부부 주택 등을 특별공급하고 있으나 물량도 부족하거니와 외진 지역에 있는 단지가 많다. 출퇴근하기에 적합하지 않아 특별히 공급한다고 해도 수요가 떨어진다. 여기서도 빈부가 갈린다. 연봉이 높은 직장에 다니거나 부모 도움을 받을 수 있는 이들은 원하는 집에서 살 수 있다. 하지만 가난한 청년과 신혼부부는 아이를 낳을 만한 보금자리를 구하는 것부터가 난관이다. 문제는 가난한 청년이 여유 있는 청년보다 훨씬 많다는 사실이다. "요즘 아이들은 비혼주의자라서, 일부러 아이를 낳지 않아 출산율이 낮은 것"이라는 주장은 현실을 호도하는 것이다. 개인의 선택이 전혀 작용하지 않았다고는 할 수 없으나 경제적인 문제가 더 근본적이고 더 크다.

아이를 낳아도 문제다. 육아에 많은 돈이 든다. 산후조리원 비용만 수백만 원이다. 정부 지원이 있어도 적지 않은 돈이 든다. 대기업과 공기업은 눈치 보지 않고 출산 휴가를 쓸 수 있겠지만 중소기업은 그렇지 못하다. 아이를 낳고 키우려면 '경력 단절' 위험을 감수해야 한다. 아이가 자라 학교에 다니면 사교육비가 큰 부담이다. 있는 집과 없는 집의 격차는 다시 벌어진다. 서울 강남에 거주하며 전문직이거나 대기업에 다니는 젊은 부부는 사교육비로 수백만 원을 쓴다. 그러나 그럴 여건이 되는 이들의 비중은 높지 않다. 대다수의 부부는 그렇지 않아도 모자란 생활비를 쪼개 아이들 학원비를 댄다. 교육 현장은 생존 경쟁을 방불케 한다. 사교육을 시키지 않는 건 아이를 낙오자로 만드는 것이다.

많은 이들은 한국 사회의 저출생 고령화와 생산성 하락 문제를 해결하려면 '구조개혁'이 필요하다고 입을 모은다. 구조개혁에 따라 잠재성장률은 달라질 수 있다. 한국은행은 구조개혁을 통해 총요소생산성 향상과 출산율 제고, 여성·고령층 노동생산성 개선이 이루어지면 2040년대 후반 잠재성장률은 현재 전망치보다 더 상승할 것으로 내다봤다. 하지만 구조개혁의 방향과 관련해서는 노동시장의 비효율성 개선과 자원의 효율적 배분, 기업 투자 환경개선과 혁신기업 육성 등 원론 수준으로만 권고하고 있다.

가장 시급한 구조개혁은 가난하고 여유가 없는 청년들을 취업난에서 벗어나게 하고, 안정적인 주거환경을 마련해주는 것이다. 이들에게 가정을 이루고 행복하게 살 수 있다는 확신을 줘야 한다. 그러기 위해서는 개혁을 통해 재벌기업이 지배하는 기득권 카르텔을 깨고 부와 소득의 양극화를 개선할 필요가 있다. 결국 경제적 불평등 문제를 해결하는 것이 저출생과 생산성 저하를 극복할 수 있는 유일한 방법이자 가장 빠른 길이다. 김동춘 교수도《시민언론 민들레》칼럼에서 이 점을 정확하게 짚었다.

결국 초저출생 문제는 시장과 가족이 공공복지를 대신하는 한국의 정치경제와 사회체제의 개혁, 그리고 자산이나 소득에서 상위 10%만 대변하는 한국 제도정치권의 물갈이 없이는 불가능해 보인다. 초저출생 문제가 정치 문제이자 불평등 문제, 계급 문제라는 것을 인정하지 않는(혹은 못 하는) 모든 정부 대책은 헛발질로 끝날 가능성이 크다.

외국인 이주노동자가
노동력 부족의 해법일까?

사회적, 법적 인식의 개선부터

'유망한 산업이라면서 위험은 왜 이렇게 (외국인) 이주노동자들에게 전가돼야 하느냐. 위험의 외주화를 넘어 위험의 이주화, 3D(Difficult, Dirty, Dangerous)가 아니라 죽음(Death)이 더해진 4D 사업장에서 이주노동자들이 일하다 산재를 당하는 문제가 제기된 지 오래되었지만 아무런 근본적인 개선책이 없었다. 문제가 누적되는 사이에 이주노동자는 내국인의 2~3배 비율로 끊임없이 스러져갔고 결국 이번 같은 최악의 대형 참사의 최대 희생자가 되었다.'

경기 화성시 일차전지 제조업체 아리셀 공장 화재 참사가 일어난 다음 날인 2024년 6월 25일 외국인 이주노동자 인권을 위한 모임과 난민인권센터, 다산인권센터 등 113개 인권 시민단체들은 이런 내용의 성명을 발표했다. 이 회사 최고경영진과 현장 관리자들의 안전 불감증 탓에 23명의 노동자가 희생됐는데 그중 18명이 외국인 이주노동자였다.

이들은 아리셀의 정규 직원이 아니라 파견업체로부터 연락받고 아리셀 공장에 투입된 인력이었다. 화재 위험이 있었는데도 안전 교육은커녕 사고가 났을 때 대피할 수 있는 비상구에 대한 안내도 부실했다. 한국말이 서툰 데다 작업장마저 낯선 곳이었으니 순식간에 퍼진 불길을 피하기 어려웠을 것이다. 대형 참사에 언론은 외국인 이주노동자의 처참한 삶을 고발했다. 하지만 이런 현실은 이미 오래전부터 제기돼 온 문제였다.

한국 사회는 외국인 노동자의 인권 보호와 처우 개선을 언제나 후순위로 밀어두고 있다. 참사가 일어났을 때 잠깐 열악한 노동 환경에서 일하는 외국인 노동자의 삶을 조망했을 뿐 관심은 다시 멀어졌다. 사망과 중상 같은 치명적 사고를 당해도 외국인 노동자들은 제대로 보상받지 못하기 일쑤다. 그런데도 사회적 이슈로조차 주목받지 못한다. 일부 인권 단체가 실상을 알리고 있으나 대다수 국민은 '남의 일'로 여긴다. 그러는 사이에 '위험의 외주화'가 당연한 일로 받아들여졌고 알리셀 화재 같은 대형 참사가 끊이지 않는 것이다.

외국인 이주노동자 수는 매년 최대치를 경신하고 있다. 이제 산업 현장과 농촌에서 외국인 노동자는 필수 인력이 됐다. 통계청에 따르면 2024년 5월 말 국내 상주 외국인 중 취업자 수는 100만 명을 돌파했다. 1년 전보다 10% 가까이 증가했다. 정식 취업 비자를 받지 않고 입국해 일하는 이들까지 포함하면 실제 외국인 이주노동자는 훨씬 많을 것이다. 수십만 명을 추가해야 할지도 모른다. 아리셀 공장 화재로 사망한 노동자 중에도 취업 비자가 아닌 재외동포 (F4)와 방문취업 동포(H2), 결혼이민(F6), 영주권(F5) 비자로 들어온 이들이 포함됐다.

문제는 이들 중 상당수가 안전 사각지대에 놓여 있을 뿐 아니라 극심한 차별을 받고 있다는 사실이다. 아리셀 희생자들만 해도 그렇다. 공장에서 이들이 했던 업무는 직접 생산 공정 중 하나로 파견 직원이 할 수 없는 일이었다. 인력을 공급한 하도급 업체도 불법 파견을 인정하는 진술을 내놓았다. 이 업체는 연합뉴스에 이렇게 털어놓았다.

"우리는 아리셀에 공급하는 근로자에게 근무지로 향하는 통근버스 사진만 문자로 보내줄 뿐이다. 근로자들도 저나 저희 직원 전화번호만 알지 얼굴도 모른다. 우리는 아리셀에 직접 갈 수도 없다. 아리셀이 불법 파견을 받았으면서 거짓말하고 있다."

전체 산재 사고 사망자 중 외국인 노동자 비중은 10% 안팎이다. 이 수치는 줄어들지 않는다. 외국인 취업자가 늘어나는 만큼 치명적 사고로 세상을 떠나는 이들도 증가하고 있다. 전체 취업자에서 외국인 노동자가 차지하는 비중은 아무리 높게 잡아도 5% 미만임을 감안하면 한국 노동자보다 사망 사고가 두세 배 많다는 의미다. 기업들은 인력난 탓에 어쩔 수 없이 외국인 노동자를 고용할 수밖에 없다고 하소연한다. 저임금에 작업 환경까지 열악해 한국인 구직자를 찾을 수 없다는 것이다. 그렇다고 해도 외국인 노동자를 불법 고용해 위험한 작업에 내모는 것은 전혀 다른 이야기인 것이, 이는 인력 운용 차원을 넘어 인권에 관한 문제이기 때문이다.

외국인 이주노동자는 앞으로 더 늘어날 수밖에 없다. 이미 중소형 공장들이 밀집한 지역과 농촌에서는 어렵지 않게 만날 수 있는 이들은 이제 엄연한 우리 사회의 구성원이다. 하지만 이들에 대한 인식 수준은 여전히 낮아서, 외국인이라는 불리한 신분을 악용해 괴롭히고 사기를 치는 사업주들도 적지 않다. 열악한 주거 환경과 근로 조건, 임금 미지급 등으로 고통받는데도 한국 사회는 이들에게 관심이 없다. 바로 옆에서 악행이 벌어지고 있는데 멀뚱히 쳐다보기만 하는 '비겁한 방관자'와 무엇이 다른가.

소설가 최은영은 아리셀 참사가 일어난 직후 《한겨레21》에 기고한 글에서 우리에게 외국인 노동자들이 어떤 존재인지 생생하게 표현했다.

(외국인) 이주노동자들의 노동에 영향을 받지 않고 살아가는 사람은 없다. 당장 오늘 밥상에 오른 깻잎, 상추, 고추와 식후에 먹은 사과까지 이주노동자의 손길이 닿아 있다. 그들의 노동에 기대어 살아가는 사람이라면 자신의 삶 또한 이주노동자들의 삶과 연결되어 있다는 최소한의 자각을 해야 한다.

이제 외국인 이주노동자는 어느 곳에서든 볼 수 있다. 서울 동대문에서 신설동으로 걷다 보면 동남아에서 온 이주노동자들을 위한 마트와 환전소가 여러 곳 보인다. 지방 소도시 중에는 외국인 이주노동자 자녀들이 한국인 학생보다 더 많은 학교도 있다. 외국인 노동자를 포함한 이주민은 260만 명에 달한다. 지금은 한국 전체 인구의 5% 수준이지만 증가 속도가 빨라 10%를 넘는 건 시간문제다. 유엔 기준으로 한국은 이미 다문화·다인종 국가다. 문제는 '또 다른 시민'인 외국인 이주민들이 급속히 늘어나는데도 한국은 준비가 돼 있지 않다는 점이다. 그들의 처지가 아닌 우리 시각으로 보다 보니 편견과 차별이 여전하다.

벨랴코프 일리야 수원대 인문사회대 교수는 2024년 10월《시민언론 민들레》에 이주민과 외국인 노동자에 대한 한국 사회의 인식이 얼마나 미숙한지 '외국인 이주민'의 눈으로 신랄하게 비판하는 글을 보내왔다. 그중 한 대목이다.

언론 보도를 보거나 전문가와 이야기해 보면 우리(한국) 사회의 이민에 대한 인식이 부족하다고 개인적으로 느끼곤 한다. 쉽게 말하면, 이민자를 왜 받아야 하는지 모르는 것이다. 한국 사회의 고령화가 심각해서 이민자를 많이 받아야 한다면 외국인에게 영주권이나 국적을 주고 아이를 낳으라고 격려하는 정책을 펼쳐야 논리적이다. 하지만 외국인 근로자는 전혀 그렇지 않다. 영원히 한국에 남을 길이 거의 없고 아이도 안 낳는다. 한국에 사는 외국인들은 한결같이 한국 비자 체계의 비효율성을 불만스럽게 생각한다.

어떤 사람을 왜, 어떻게, 얼마나 많이, 어느 분야로 받아야 할지 산출해서 계획한 것이 없으니 시스템이 복잡해지고 혼란스럽기만 하다.

일리야 교수는 이 글을 보내고 두 달 후에도 비슷한 주제로 칼럼을 썼다. 그는 한국의 이민과 외국인 노동자 정책이 실패할 수밖에 없는 이유를 예리하게 지적했다. 먼저 정치인과 정책 담당자들조차 '이민자'와 '국외 거주자' 같은 기본적인 개념을 구별하지 못하는 점을 꼽았다. 이민자는 다른 나라에 영구 정착하는 사람이고, 국외 거주자는 임시 거주하다가 돌아가는 사람을 말한다. 그런데 한국은 초저출생에 따른 생산인구 부족을 메우기 위해 이민을 늘리겠다면서 실제로는 국외 거주자 정책을 시행하고 있다고 지적한다.

예컨대 이주노동자가 한국에 들어올 때 받는 비자 등급은 주로 E-9(취업), H-2(방문취업), C-3(단기 취업)인데 이 비자 등급은 최대 갱신 수가 제한되어 있고 영주권이나 귀화를 금지하는 비자 타입이다. 이런 비자를 받고 한국에 들어오는 외국인 노동자는 분명 국외 거주자인데 한국에서는 이런 사람을 이민자로 부른다. 근로자 신분으로 한국에 들어와서 살다 보니 한국이 마음에 들고 여기서 계속 남고 싶어도 이를 실현하기 위한 법적인 길은 막혀 있다는 이야기다.

외국인 이주노동자에 대한 한국 사회의 저급한 인식 수준은 사회관계망서비스SNS 등에 올라온 글에서도 그 실태가 적나라하게 드러난다. 손정순 시화노동정책연구소 연구위원은 2024년 10월《시민언론 민들레》에 기고한 칼럼에서 여러 실례를 들었다. 그에 따르면 아리셀 참사 직후에도 SNS상에는 중국에서 온 노동자들을 '짱○새끼·년'으로 부르고 "누가 너희더러 여기 와서 일하라고 했냐? 정말 떼놈들이 한국에 와서 떼돈 벌었네"라는 조롱이 난무했다. 심지어 그가 일하는 시화·반월 공단 지역 노동조합 관계자도 비슷한 인식을 드러내는 충격적인 발언을 쏟아냈다.

"(외국인 이주노동자들이) 최저시급, 아니 그 밑이라도 받겠다면서 일을 하니까, 여기(시화공단) 노동조건이 좋아질 수 있겠냐고요, 그러니까 임금이 정말 바닥일 수밖에 없어요, 문제죠."

결론적으로 저출생 고령화로 노동력이 급감하는 문제를 외국인 노동자로 풀어야 한다는 말은 사실일 수 있겠으나 지금의 한국 사회에서는 실현 불가능한 목표다. 노동자의 처우와 근로환경 개선을 위해 싸우는 노동조합마저도 외국인 노동자에 대한 편견에서 벗어나지 못한 현실이 이를 방증한다. "외국인 이주노동자가 한국의 저출생 고령화의 해법이 될 수 있는가?"라는 질문을 하기 전에 "한국이 성숙한 다문화·다인종 국가가 될 수 있을까? 그렇게 되려면 어떻게 해야 할까?"라는 물음에 답해야 한다. 외국인 이주노동자 문제도 결국 성 소수자 문제와 같이 '편견과 차별'을 극복하는 단계에서 시작해야 한다.

이를 위해서는 고용노동부와 법무부, 외교부 등으로 흩어진 이주민 관리 부서를 통합할 필요가 있다. 잘못된 인식을 개선하려면 일관성 있는 정책이 필요하기 때문이다. 정부 내 전담 부서는 이주노동자가 차별받는 사례를 취합해 잘못된 관행과 제도를 개선하는 일에 집중해야 한다. 외국인 이주노동자들도 노동조합을 결성할 수 있도록 분위기를 조성하고 정책적인 지원도 필요하다.

이런 노력을 통해 이주민에 대한 편견을 해소한 다음에야 저출생 고령화 문제를 해결할 방안으로 외국인 이주노동자를 고려해볼 수 있다. 이주노동자가 한국인과 노동 현장에서 공평하게 대우받지 못하는 상황에서는 저출생 고령화와 이주민 정책을 연결하는 논의 자체가 탁상공론으로 끝날 것이 자명하다.

3장

윤석열이 망쳐놓은
일곱 가지 경제 헛발질

첫 번째. 역대급 부자 감세로 엉망이 된 나라 살림

낙수 효과만이 경제를 살릴 것이다?

윤석열 정부의 경제 정책을 한마디로 규정하면 '부자 감세'다. 재정 파탄과 양극화, 내수 부양 실패, 일자리 고갈 등 거의 모든 경제 실패의 뿌리가 여기에 있다. 하지만 경제에 '경'자도 모르고 관심도 없었던 윤석열은 '부자 감세'라는 말을 극구 부정했다. 부자 감세 비판에 대하여 그는 이렇게 주장했다. 2024년 1월 경기 고양시에서 열린 민생토론회에서 나온 발언이다.

"보유세를 막 때리는 건 소유권을 부정하는 것이다. 시장 경제에 아주 해롭고 궁극적으로는 서민과 중산층이 피해를 보게 된다. 만약에 보유 자체에, 비싼 물건을 가지고 있어서 좋은 집을 가지고 있어서 거기에 과세한다면 그런 집을 안 만든다. 그런 집을 지어야 많은 중산층과 서민들이 일자리를 얻게 되고 후생이 거기서 나오는 것이다. 정부의 감세 정책의 목표는 국민 전체, 어디까지나 중산층과 서민이다."

　윤석열 정부 감세 정책의 논리적 근거는 '낙수 효과'다. "비싼 물건을 가지고 있어서, 좋은 집을 가지고 있어서 거기에 과세한다면 그런 집을 안 만든다. 그런 집을 지어야 많은 중산층과 서민들이 일자리를 얻게 되고 후생이 거기서 나오는 것이다." 이 말에서 낙수 효과를 맹신하고 있음을 알 수 있다. 낙수 효과가 실제로 있는지 없는지는 그에게 중요하지 않다. 그렇다면 그런 것이다. 한 번 입력된 정보는 절대 바뀌지 않는다.
　아마 누군가 그에게 이런 말을 했을 것이다.
　"법인세를 낮추고 투자액에 대한 세금을 깎아주면 기업들은 투자를 늘리고 일자리를 만들 것이다. 그리고 주택 보유세와 주식과 채권 등 금융상품 투자소득에 너무 세금을 물리면 부동산과 주식 시장이 죽게 돼 있다. 그러니 역동적인 시장 경제를 구현하려면 세금을 줄여줘야 한다"라고.
　현실에 부합하지 않는, 단순하기 짝이 없는 논리인데도 윤 대통령은 더 묻지 않았을 테고. 말로는 경제가 중요하다고 했지만 주요 관심사는 아니었다. 그가 대통령 노릇을 했던 2년 6개월 동안 보여준 행태가 그걸 말해준다.
　낙수 효과를 철석같이 믿고 추진한 정책은 대기업과 자산가에 혜택이 집중된 감세였다. 윤석열은 대통령 취임 첫해인 2022년 세법을 개정해 법인세 최고세율을 25%에서 22%로 내리려고 했다. 그러나 야당의 반대로 1%p 낮추는 수준에서 만족해야 했다. 민간투자를 유인한다는 명분을 내세웠으나 결과적으로 헛말이 되고 말았다. 최고세율 인하로 많은 혜택을 본 재벌기업들의 실적이 2023년부터 내리막길을 걸었기 때문이다. 투자는커녕 적자 기업이 늘면서 영업이익으로 이자를 갚지 못하는 회사가 늘었다. 국내 상장 기업 5곳 중 1곳은 3년간 영업이익으로 이자도 감당하지 못하는 한계기업으로 전락했다.

실적이 부진하니 법인세도 급격히 줄 수밖에 없었다. 윤석열 정부가 오롯이 경제를 맡았던 2023년부터 그 부작용이 나타났다. 법인세만 24조 원 넘게 덜 걷히며 약 60조 원의 세수 펑크가 났다. 이런 상황에서도 대기업들은 막대한 감세 혜택을 누렸다. 경제정의실천시민연합이 2023년 6월 발표한 보고서를 보면 삼성전자와 현대자동차, 기아자동차, LG전자, SK하이닉스의 해외 자회사 배당금 법인세 감면액만 10조 원에 달했다. 직전년 대비 기아는 29.8배, 삼성전자는 7.4배, LG전자 2.4배, 현대차 2.3배 순으로 많이 증가했다. 이는 윤석열 정부가 해외 자회사 배당금 익금불산입을 허용한 결과다. 해외 자회사 배당수익을 세금 대상에서 제외함으로써 법인세 감면 효과가 생겼다는 뜻이다.

대기업 감세의 또 다른 사례는 임시투자세액공제다. 기업의 설비투자를 촉진하기 위해 당해 연도 투자 금액의 일부를 이듬해 법인세에서 깎아주는 제도다. 1982년 처음 도입된 이후 폐지와 부활을 거듭하다가 2011년 종료됐다. 이것을 윤석열 정부는 경기침체 영향으로 위축된 기업 투자를 끌어올린다는 명분으로 2023년 1년간 한시로 다시 도입했다. 그런데 연말이 다가오자 1년 더 연장하겠다고 했다. 정책효과를 보려면 그래야 한다는 논리를 펼쳤지만 이것 역시 대기업 세금을 깎아주려는 꼼수에 불과하다.

임시투자세액공제를 무한정 늘려주면 결국 법인세를 상시로 깎아주는 셈이 된다. 실제로 임시투자세액공제가 기업의 투자를 촉진했는지 그 연관성도 입증되지 않았다. 오히려 투자를 촉진하는 효과보다 공제로 생기는 세수 결손의 부작용이 크다는 의견이 많다. '임시'를 '상시' 감세로 바꾸려다 보면 세수 결손 외에도 여러 문제가 생긴다. 미국을 비롯한 주요국에도 유사한 제도가 있었으나 결국 폐지됐다.

윤석열 정부는 2024년 7월 '역동 경제 로드맵'이라는 청사진을 제시했다. 향후 경제 정책 방향에 이름을 붙인 것인데 결국 이 역시 '부자 감세' 본능을 숨기지는 못했다. 정부가 발표한 로드맵의 부제는 '역동 경제로 서민·중산층 시대 구현'이었다. 하지만 '대대적인 감세로 대기업과 부자를 위한 새로운 시대 개막'이라는 말이 더 어울렸다. 여기에는 자사주 소각이나 배당을 늘리는 기업에 법인세 세액공제를 해준다는 내용이 포함됐다. 상장된 기업이 기존보다 배당을 더 늘리거나 자사주를 소각하는 방식으로 주주환원에 나서면 직전 3년 평균 대비 주주환원 증가 금액의 5%에 대해 법인세를 감면하겠다는 것이다. 대기업의 최대 주주가 상속받을 때 경영권 프리미엄에 부과하는 할증도 없애겠다고도 했다.

감세의 또 다른 축은 부동산과 주식 부자를 위한 것이었다. 여기에 해당하는 대표적 감세가 종합부동산세(종부세) 기준을 완화한 것이다. 문재인 정부 시절 초저금리 영향으로 주택 가격이 치솟은 결과 종부세 대상자가 크게 늘고 세액이 높아진 건 사실이다. 종부세의 취지는 부동산 투기를 막기 위함이었는데 중산층까지 과세 대상이 됐다는 불만이 많았다. 하지만 집값 급등을 막고 서민의 주거 안정을 위하여 종부세의 일시적인 부담 증가는 불가피했다. 세금이 부담되면 집을 매각하면 된다. 이것이 종부세를 도입한 목적이기도 하다.

그런데 윤석열 정부는 이런 원칙을 깨고 종부세를 무력화하는 감세에 나섰다. 종부세의 기본공제액을 기존 6억 원에서 9억 원으로 올렸다. 다주택자의 종부세 최고세율을 6.0%에서 5.0%로 낮추고 과세표준 12억 원 이하 3주택자의 중과세를 없앴다. 그 결과 2023년 주택분 종부세 고지 인원은 41만 명으로 전년의 3분의 1 수준으로 줄었다. 당연히 종부세 완화 혜택은 부동산 부자에 집중됐다. 국회 기획재정위원회 소속 안도걸 더불어민주당 의원이 국세청으로부터 제출받은 자료를 보면 전체 감세 혜택의 86%를 3주택자 이상 다주택자와 법인이 차지했다.

부동산 공시가격 현실화율을 3년 연속 2020년 수준으로 동결한 것도 사실상 부자 감세로 볼 수 있다. 윤석열 정부는 공시가격 현실화율을 아예 폐지하려고 했으나 민주당이 관련 법 개정에 반대하자 꼼수로 현실화율을 동결했다. 문재인 정부는 부동산 공시법 등을 개정해 현실화율을 시세의 90% 수준으로 올리려고 했다. 공정한 과세를 통해 부동산시장을 안정화하기 위해서였다. 결과적으로는 주택 가격이 급등했고 불만을 토로하는 집주인들이 많아 인기를 잃게 된 정책이었지만 공시가격 현실화율을 시세에 맞게 조정하는 것은 바람직한 방향이다. 다만 그 과정에서 집주인의 부담이 커지는 것은 불가피했다.

시행을 앞둔 금융투자 소득세를 무력화시킨 것 역시 주식 부자를 위한 감세로 귀결됐다. 주식 투자로 손실을 본 국민이 많다는 점을 고려해 민주당도 폐지에 동의하면서 금융투자 소득세 무력화는 성공한 '부자 감세'가 됐다. 하지만 이는 명백하게 잘못된 결정이다. 명분도 없고 자본시장 선진화를 막은 퇴행이기 때문이다.

금융투자 소득세는 주식과 채권, 펀드, 파생상품 같은 금융상품에 투자해 주식은 5000만 원, 기타 금융상품은 250만 원 이상 소득을 올렸을 때 해당 소득의 20%를 부과하는 세금이다. 과세표준 3억 원 초과분에 대해서는 25%의 세율이 적용된다. 민주당이 여당이었던 2020년 논의가 시작됐고 2023년 시행하기로 의견을 모았다. 그러나 윤석열 정부 출범으로 여당이 국민의힘으로 바뀌자 2022년 12월 민주당과 야합해 시행을 2년 유예하기로 합의했다. 코로나19 팬데믹으로 증시가 불안한 상황에서 이루어진 결정이었다.

민주당은 시행 유예를 용인한 대신 대주주 주식 양도세 과세 대상을 10억 원 이상으로 정한 소득세법 시행령을 2025년까지 유지할 것을 요구했다. 2013년 50억 원 이상에서 2016년 25억 원 이상, 2018년 15억 원 이상, 2020년 10억 원 이상으로 과세 대상을 확대한 흐름을 유지하자고 제안한 것이다. 하지만 윤석열 정부와 국민의힘은 이 약속 또한 무시해버렸다. 오히려 과세 대상을 50억 원 이상으로 상향해 10억~50억 원의 수익 구간에 속한 주식 부자들이 세금을 내지 않도록 했다. 조세 원칙 측면에서 퇴행이 아닐 수 없다.

금융투자 소득세는 모든 주식 투자자에게 부과하는 증권거래세를 폐지하는 것을 전제로 도입된 세금이다. 입법 당시인 2022년 증권거래세 세율을 2023년 0.20%, 2024년 0.18%를 거쳐 최종적으로 0.15%까지 내리기로 했다. 이는 자본시장 선진국이 금융소득에 세금을 부과하고 통행세 성격의 증권거래세는 없애는 흐름에 따른 것이었다. 주식 양도차익에 대한 과세는 거의 모든 선진국이 시행하는 '국제 표준'이다. 미국과 일본, 독일, 영국, 프랑스, 호주, 한국 7개국 중 주식 양도차익을 전면과세하지 않는 나라는 한국뿐이다.

금융투자 소득세가 성공한 부자 감세라면 상속세 완화는 실패한 부자 감세 시도라고 할 수 있다. 윤석열 정부는 재계가 요구한 상속세 완화 방안을 그대로 수용했다. 상속세 최고세율을 낮추고 대기업 최대 주주에 대한 상속세 할증제도를 없애겠다는 것이다. 그래야 하는 이유로 최고세율이 다른 나라보다 너무 높다는 점을 강조했다. 상속세가 지나치게 많으면 기업들의 경영권 승계를 막아 경쟁력을 떨어뜨린다는 논리였다. 하지만 상속세에 실제 적용되는 세율, 즉 실효세율은 높지 않다. 각종 공제가 이루어진 후 실제로 내는 상속세는 주요국과 비교해 지나친 수준이라 할 수 없다.

재계가 격렬하게 반대하는 최대 주주 할증제도 역시 경영권 프리미엄 측면에서 합리적인 세제라고 할 수 있다. 중소기업을 제외한 기업의 최대 주주가 보유주식을 상속·증여할 때 기업 경영권 프리미엄까지 고려해 주식 가치를 20% 높여 평가하는 게 최대 주주 할증 평가제다. 현행 상속세 최고세율이 50%이라 여기에 20% 할증하면 세율은 60%로 높아진다. 재계는 이를 근거로 최대 주주에 대한 상속세 부담이 과도하다고 주장해왔다. 상속세 제도는 국가마다 달라 단순 비교가 어렵지만 대다수 선진국에서는 어떤 식으로든 상속 재산에 무거운 세금을 부과한다. 명목세율이 높다는 이유만으로 기업 최대 주주의 상속세를 완화하는 것은 이런 흐름에 역행하는 것이다.

감세론자들이 전가의 보도처럼 언급하는 이론이 '낙수 효과'다. 1980년대 한때 주목받았으나 실증 연구에서는 '거짓'으로 판명됐다. 그런데도 낙수 효과가 자꾸 소환되는 것은 부자 감세를 정당화할 수 있는 근거가 이것 외에는 없기 때문이다. 낙수 효과가 없다는 지적에도 윤석열 정부 경제팀은 궤변으로 일관했다. 추경호에 이어 두 번째로 경제부총리 겸 기획재정부 장관이 된 최상목은 국회에 나와 이렇게 발언했다.

"윤석열 정부는 부자 감세를 한 적이 없다. 내수 촉진을 위해 내수 촉진 감세를 하고 투자자를 위해 투자자 감세를 할 뿐이다. 감세 혜택이 대기업과 슈퍼 부자들에게 집중되고 있는 건 사실이 아니다. 대기업이 투자를 확대하라고 세제지원을 한다. 대기업 투자가 늘고 수출이 늘면 고용이 창출되는 것 아니냐. 그러면 근로자에게 혜택을 주는 것이다. 그건 낙수 효과가 아니다."

과연 그럴까? 그의 발언 후 한 달도 되지 않아 기획재정부는 정반대 내용을 담은 자료를 국회에 제출했다. 윤석열 정부 들어 세금 감면과 비과세 혜택이 고소득층과 대기업에 집중되고 있다는 사실을 보여주는 조세지출 현황 자료가 그것이다. 조세지출은 세금을 감면하거나 면제하는 방식 등으로 재정을 지원하는 것을 말한다. 2024년 연소득 7800만 원 이상 고소득자가 혜택을 받는 조세지출은 15조 4000억 원에 달했다. 고소득자 대상 조세지출은 문재인 정부 시절인 2019~2021년 10조 원 안팎에 그쳤다. 그러나 윤석열 정부 출범 이후에는 2022년 12조 5000억 원, 2023년 14조 6000억 원으로 꾸준히 증가한다.

대기업이 혜택을 보는 조세지출 또한 눈에 띄게 증가했다. 대기업(상호출자제한기업) 수혜분은 2021년 2조 2000억 원으로 전체 조세지출에서 차지하는 비중이 10.9%에 불과했으나 윤석열 정부 1년 차인 2022년 3조 9000억 원으로 급증하며 비중이 16.5%로 커졌다. 2023년은 4조 4000억 원으로 비중이 16.9%로 늘었고 2024년에는 6조 6000억 원으로 비중이 21%를 넘어섰다.

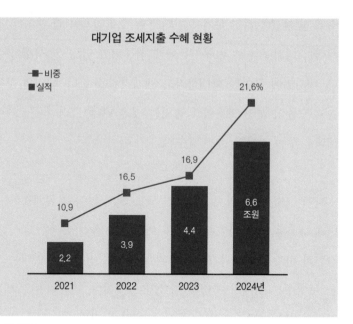

대기업 조세지출 수혜 현황

- ■ 비중
- ■ 실적

연도	비중	실적
2021	10.9%	2.2
2022	16.5%	3.9
2023	16.9%	4.4
2024년	21.6%	6.6 조원

자료: 기획재정부

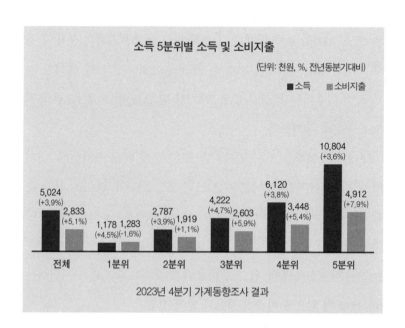

소득 5분위별 소득 및 소비지출

(단위: 천원, %, 전년동분기대비)

- ■ 소득
- ■ 소비지출

구분	소득	소비지출
전체	5,024 (+3.9%)	2,833 (+5.1%)
1분위	1,178 (+4.5%)	1,283 (-1.6%)
2분위	2,787 (+3.9%)	1,919 (+1.1%)
3분위	4,222 (+4.7%)	2,603 (+5.9%)
4분위	6,120 (+3.8%)	3,448 (+5.4%)
5분위	10,804 (+3.6%)	4,912 (+7.9%)

2023년 4분기 가계동향조사 결과

부자 감세는 세수 감소뿐 아니라 부의 양극화를 심화시키는 부작용을 낳는다. 감세 정책 2년 차를 조금 지난 2023년 4분기 통계를 보면 소득 하위 20%인 1분위 가구 월평균 소비지출은 전년 같은 기간보다 1.6% 줄어든 데 반해 소득 상위 20%에 해당하는 5분위 가구는 7.9% 증가했다. 당시 물가 상승분을 고려한 전체 가구의 실질 근로소득은 1년 전보다 1.9% 감소했다. 금융소득과 자본소득 등 불로소득이 증가하는 상황에서 부자 감세로 낙수 효과는커녕 양극화가 더 심해진 것이다.

사실 '낙수 효과'는 IMF와 OECD 등 국제기구에서 폐기 처분한 지 오래다. 국내에서도 감세가 경기 부양으로 이어지지 않는다는 사실은 이명박 정부 때 명확하게 드러났다. 정부는 2008년 법인세 최고세율을 25%에서 22%로 낮췄다. 당시에도 기업의 세금 부담을 덜어주면 투자와 고용으로 이어져 국민 모두에게 감세 혜택이 돌아갈 것이라고 홍보했다. 그러나 그 이후 집계된 통계를 보면 모든 국민에게 돌아가기는커녕 대기업과 부자들 주머니만 채운 것으로 나타났다. 국회 예산정책처가 2014년 발표한 보고서 〈이명박 정부 감세 정책에 따른 세수 효과 및 귀착 효과〉를 보면 2009년부터 2013년까지 5년간 세수 감소액은 62조 4000억 원에 달했다. 이중 법인세 인하로 줄어든 세수가 37조 2000억 원이었는데 대기업과 중견기업 귀속분이 28조 원이고 중소기업은 9조 원에 불과했다.

그렇다면 법인세 인하 후 기업들은 투자를 늘렸을까?

이전 시기보다 오히려 투자를 줄였다. 2009년부터 4년간 투자액은 약 23조 원으로, 직전 4년인 2005년부터 2008년 34조 원보다도 10조 원가량 적었다. 글로벌 금융위기가 터지자 투자를 줄이는 대신 사내 유보금을 쌓은 결과였다. 2008년 금융위기 이후 기업의 사내 유보금은 2배 이상 증가했다. 감세는 기업 투자와는 거의 관련이 없으며 투자를 결정하는 요인은 실적과 경기 전망이라는 사실이 확인된 것이다. 결국 윤석열 정부 감세 정책의 진짜 목적은 국민의힘의 주요 지지층인 대기업과 고소득층의 이권(지대)을 강화하는데 있었다.

자본주의 국가에서 부의 양극화를 해소하는 가장 기본적인 수단은 세금이다. 여유가 있는 계층에게서 더 많은 세금을 걷어 취약계층을 지원하는 것이다. 그러기 위해서는 감세가 아닌 증세 정책을 펼쳐야 한다. 유럽 등 자본시장 선진국들은 대기업과 고소득층에게 많은 세금을 부과한다. 횡재세 같은 일시적 부자증세를 도입하는 나라도 적지 않다.

양극화가 심해지면 국민의 근로 의욕이 떨어지고 사회적 갈등도 심해진다. 부와 권력을 독점한 기득권이 득세하면 젊은 기업가들의 새로운 도전은 가로막힌다. 혁신이 죽고 인재가 이탈하며 경제는 성장 동력을 잃는다. 양극화를 방치하면 결국 저성장이 고착화되는 국가로 전락한다.

이런 점에서 윤석열 정부의 부자 감세의 귀착점은 이미 예정돼 있었다. 외환위기와 금융위기, 코로나19 팬데믹 등 비상시기보다도 못한 경제성장률이 이를 증명한다. 하지만 무분별한 부자 감세가 곧바로 직격탄을 날린 분야는 재정이다. 짧은 임기 내내 윤석열 정부는 건전재정을 외쳤으나 실제로는 나라 살림을 거덜 내고 있었다.

두 번째. 국가 재정위기, 텅 빈 나라 곳간

무엇을, 누구를 위한 건전재정인가

윤석열은 2023년 12월 전국상공회의소 회장단 오찬 간담회에서 확신에 찬 어조로 건전재정 기조를 자랑했다. 당시는 고물가와 고금리로 국민의 실질소득이 감소했던 때다. 세계 경제가 내리막길로 접어들면서 내수 경기뿐 아니라 한국 기업들의 수출 실적도 좋지 않았다. 가계는 빚더미에 눌려 있고 기업은 수익이 급감했다. 오직 정부만 경기 부양을 위해 돈을 쓸 수 있는 상황이었다. 야당이 줄기차게 재정의 적극적인 역할을 주문했던 이유였다.

그러나 국정 운영의 책임자였던 그는 이런 사정을 알고 있었는지 모르고 있었는지 똑같은 말만 앵무새처럼 되풀이했다.

"국가가 빚을 내서라도 돈을 써야 한다는 주장은 시장을 망치고 기업을 어렵게 만들 것이다. (2024년 4월) 총선을 앞두고 재정을 확장하려는 유혹에 쉽게 빠질 수 있으나 정부가 돈을 많이 쓰면 민간과 시장 중심의 투자를 어렵게 한다. 얼마 전 방한한 IMF 총재 역시 높아진 글로벌 쇼크 가능성에 대비해 재정 여력을 확보해야 한다고 강조하면서 우리 정부의 건전재정 기조를 강력히 지지했다."

기업과 가계 등 민간 부문의 경제가 정상적으로 돌아갈 때는 이 말이 맞을 수도 있다. 그러나 그렇지 않을 때 건전성만 중시하는 재정정책은 경제성장에 오히려 걸림돌이 된다. 기업과 가계가 돈을 쓸 수 없는 상황에서 성장률을 끌어올려야 하는 경제 주체는 정부뿐이다. 선진국 정부는 민간 부문이 힘들 때 확장 재정을 통해 돈을 푼다. 국가마다 사회와 경제 구조가 다르므로 정부 예산을 투입하는 방식이나 분야별 비중은 제각각이지만 민간 부문이 침체했을 때는 정부의 적극적 역할, 즉 확장 재정이 경제성장률을 높일 수 있다는 것만은 분명하다.

윤석열 정부는 문재인 정부 때 방만 재정으로 국가부채가 무려 400조 원이나 늘었다고 비난했다. 하지만 그럴 수밖에 없었던 배경에 대해서는 입을 닫았다. 문재인 정부 당시 연도별 국가부채가 급속히 늘어난 것은 사실이다. 2018년 680조 5000억 원이던 것이 2021년 970조 7000억 원으로 가파르게 늘어났다. 수치를 자세히 보면 2020년부터 2021년에만 250조 원 가까이 급증한 사실을 확인할 수 있다. 바로 코로나19 팬데믹이 창궐하던 시기다. 당시는 우리나라뿐 아니라 전 세계가 타격을 받았다. 코로나19 방역에 성공한 한국은 그럼에도 다른 나라에 비해 국가부채 증가액이 상대적으로 많지 않았다. 미국과 유럽 주요국은 방역과 경기 부양을 위해 천문학적 예산을 투입해야 했다. 만약 윤석열 정부가 코로나19 팬데믹을 맞았다면 어떻게 됐을까. 그랬을 경우 벌어졌을 혼란은 독자의 상상에 맡기겠다.

윤석열 정부가 출범한 2022년 코로나19 팬데믹은 지났으나 그 후유증은 심각했다. 세계 경제의 흐름을 바꿔놓은 진원지는 미국이었다. 조 바이든 행정부는 헬리콥터에서 달러를 뿌렸다는 2009년 금융위기 때보다 경제 위기 타개를 위해 훨씬 더 많은 자금을 풀었다. 기준금리를 낮추고 국채를 매입하는 방식으로 시중에 유동성을 공급했다. 팬데믹이 끝나고 청구서가 날아왔다. 풀린 돈이 물가를 미친 듯이 밀어 올린 것이다. 이에 맞서 미국의 중앙은행인 연방준비제도는 통화정책 기조를 전환해야 했다. 연준은 2022년 3월부터 금리를 빠른 속도로 올렸다. 팬데믹 때 0.25%까지 떨어졌던 미국의 기준금리는 2023년 7월 5.5%로 치솟았다. 2023년 10%에 육박한 소비자물가 상승률을 방어하려면 어쩔 수 없었다.

금융 정책은 언제나 양날의 칼이다. 재빠른 금리 인상이 물가 안정에는 도움이 됐으나 경기를 위축시켰다. 이런 딜레마를 돌파하기 위해 바이든 행정부는 미국 내 투자 유치에 매달렸다. 물가도 잡고 경기침체도 막는 정책을 펼친 것이다. 패권국이자 기축 통화인 달러를 보유한 미국은 두 마리 토끼를 잡는 게 가능했다.

하지만 한국은 달랐다. 고물가와 고금리에 더해 미국의 연이은

금리 인상으로 달러 가격이 상승하며 고환율의 고통을 감내해야 했다. 고물가와 고금리, 고환율이라는 '3고'가 한국 경제를 덮쳤다. 코로나19 팬데믹이 지났으나 대다수 국민의 삶은 더 힘들어졌다. 급등한 물가와 이자 부담이 늘며 실질소득이 줄었다. 정부는 어떤 식으로든 도탄에 빠진 민생을 구할 대책을 내놓아야 했다. 재정의 적극적 역할이 어느 때보다 절실했다.

하지만 윤석열 정부는 이런 국민의 절박함을 외면했다. '건전재정'이라는 도그마에 빠져 세출을 늘려야 할 시기에 오히려 줄였다. 2022년부터 2024년까지 3년간 예산안 총지출 증가율은 평균 3.7%에 불과했다. 문재인 정부의 첫 3년 평균이 8.6%이었다. 재정정책의 철학이 다르다는 점을 고려하더라도 정부 지출이 너무 적었다. 추가경정예산(추경)안 편성도 코로나19 팬데믹 피해가 계속됐던 2022년 5월 단 한 차례뿐이었다.

윤석열 정부는 기왕에 배정된 예산까지 줄였다. '지출 구조조정'이라는 그럴듯한 말로 사실상 정부 역할을 포기했고 이는 고스란히 국민의 고통으로 돌아왔다. 돈이 돌지 않으니 대다수 국민의 지갑이 얇아졌고 기업 수익도 급감했다. 특히 내수 경기에 영향을 받는 중소기업과 중견기업의 타격이 컸다.

기가 막힌 사실은 건전재정을 이유로 정부 지출을 줄였으면서도 실제 나라 살림은 엉망이었다는 점이다. 2024년 4월 11일 국무회의에서 의결한 〈2023 회계연도 국가결산 보고서〉를 보면 총수입에서 총지출을 뺀 통합재정수지는 36조 8000억 원 적자였다. 통합재정수지에는 국민연금 등 4대 보장성 기금이 포함된다. 관리재정수지는 통합재정수지에서 4대 보장성 기금을 제외한 것으로 실제 나라 살림의 상태를 보여준다. 윤석열 정부가 나라 살림을 오롯이 맡았던 2023년 관리재정수지는 87조 원 적자를 기록했다. 입만 열면 재정건전성이 중요하고 재정 준칙을 지키겠다고 했으나 수치는 정반대를 보여주고 있었다. 재정 준칙은 관리재정수지 적자 비율이 3%를 넘어서는 안 되는 것으로 정해져 있는데 2023년 적자 비율은 3.9%에 달했다.

나라 살림이 이 지경에 이른 건 수출 부진과 내수 경기 침체로 세수가 줄어든 탓도 있으나 부자 감세 때문이기도 하다. 2023년 총세입은 497조 원으로 2022년 결산 대비 77조 원(13.4%) 줄었다. 세외수입 감소분 25조 1000억 원을 빼면 국세에서만 51조 9000억 원이 감소한 것이다. 세금이 그만큼 덜 걷혔다는 뜻이다. 2023년 예산 대비 국세 수입은 56조 4000억 원이 모자랐다. 엄청난 세수 펑크가 생긴 것이다.

시간을 돌려 2022년 7월로 가보자. 출범 2개월이 지난 윤석열 정부는 세제 개편안을 발표하며 세수 감소 규모가 2023년부터 2026년까지 4년에 걸쳐 총 13조 1000억 원 정도가 될 것이라고 밝혔다. 법인세율 인하와 소득세 과표 구간 조정 등을 이유로 들었다. 그러면서 이런 말을 덧붙였다.

"통상적인 국세 증가 규모인 5% 안에 해당해 세입 기반을 훼손하지 않는다."

하지만 1년도 안 돼 이 말은 거짓으로 판명됐다. 2023년 한 해에만 56조 원이 넘는 세수 펑크가 났기 때문이다. 무분별한 부자 감세로 인한 세수 감소는 2024년에도 이어졌다. 이해 9월 기획재정부는 세수를 다시 추계한 결과를 공개했다. 국세 수입을 337조 7000억 원으로 줄인 것이 핵심이다. 기존 편성 세입예산 367조 3000억 원보다 29조 6000억 원(8.1%)이 부족한 금액이다. 세부 세목을 보면 세수 펑크의 원인이 부자 감세라는 사실을 곧바로 확인할 수 있다.

기업 수익이 감소하며 예산 대비 법인세 부족액은 14조 5000억 원에 달했다. 전체 결손액의 절반을 넘는 금액이다. 부동산 양도소득세가 5조 8000억 원, 종합소득세 4조 원, 상속·증여세도 5000억 원 부족할 것으로 봤다. 세금이 더 걷힐 것으로 예상한 주요 세목은 부가가치세뿐이었다. 81조 4000억 원 예산이 편성됐는데 이보다 2조 3000억 원이 늘어난 83조 7000억 원으로 추계했다. 부자 감세로 생긴 구멍을 재산이나 소득의 많고 적음에 상관없이 일괄적으로 부과하는 부가세로 채워 넣은 셈이다.

재정 운용을 엉망으로 하다 보니 매월 기획재정부가 발표하는 '재정 동향'이 나올 때마다 나라 살림 적자 규모는 수십조 원씩 늘었다. 그 결과 2024년 관리재정수지 적자액은 한 해 전보다 더 증가했다. 부자 감세 정책을 포기하지 않는 한 '재정 파탄'은 불 보듯 뻔한 상황임에도, 재정정책에 대한 비판만 나오면 경제 활성화를 위한 감세라는 말만 반복했다.

꼭 써야 할 예산을 확보하기 힘들어지자 윤석열 정부는 꼼수를 쓰기 시작했다. 외국환평형기금(외평기금)과 공공자금관리기금(공자기금), 주택도시기금, 국유재산관리기금 등 각종 기금을 끌어다 쓴 것이다. 이들 기금은 모두 본래 목적이 있다. 예컨대 외평기금은 환율의 갑작스러운 변동성에 대비하려고 조성한 기금이다. 원/달러 환율이 과도하게 오르면 달러를 팔고, 환율이 급락하면 달러를 사들이며 방파제 역할을 한다. 공자기금은 자금의 여유가 있는 기금에서 자금을 빌려 부족한 기금에 빌려주는 기능을 수행한다. 기금들의 저수지인 셈이다. 세수 부족을 메우려고 이런 기금들을 마구 끌어다 쓰면 나중에 문제가 생길 수 있다. 감세의 나비 효과가 기금의 부실화로 이어지는 어이없는 사태가 일어날 수 있다는 얘기다.

윤석열 정부의 건전재정 타령이 얼마나 위선적인지는 국가부채 통계에도 나타난다. 집권 첫해인 2022년에만 90조 원 가까이 급증했다. 2023년에도 1126조 7000억 원으로 증가액이 60조 원에 육박했다. 국회 기획재정위 소속 더불어민주당 안도걸 의원이 기획재정부가 국회에 제출한 '2024~2028년 국가재정운용계획'을 분석해보니 윤석열 정부 5년간 적자 국채 증가액은 382조 원에 달할 것으로 추산됐다. 문재인 정부의 316조 원보다 21% 더 늘어난다는 것이다. 적자성 채무는 금융성 채무와 달리 세금으로 메워야 한다.

윤석열 정부는 '건전재정'을 언급할 때마다 미래세대를 위해 국가 빚을 줄여야 한다고 떠들었다. 하지만 실상은 부자 감세로 인한 재정 파탄으로 우리 아이들이 갚아야 할 적자성 채무를 쌓고 있었다. 경제 전체를 벼랑으로 몰고 간 건전재정에 대한 맹신은 R&D 예산 삭감 파동의 원인이 되기도 했다.

세 번째. 고물가, 고금리, 고환율에 내수 경기 초토화

눈감고 귀 닫고 재정을 사수하라

       12·3 내란 사태는 윤석열 정부 내내 침체를 면치 못했던 내수 경기에 마지막 일격을 가한 사건이 되고 말았다. 더불어민주당 등 야당과 일부 여당 의원이 재빨리 국회로 달려와 대통령 윤석열의 위법, 위헌적 비상계엄을 해제한 것은 천만다행한 일이었다. 하지만 내란 동조 세력인 국민의힘의 지속적인 탄핵 방해는 내수 경기에 치명타를 날렸다.

  국민의힘이 3명의 의원을 빼고 모두 표결에 불참한 탓에 국회의 1차 윤석열 탄핵소추안 가결이 불발된 직후인 2024년 12월 10일부터 3일간 중소기업중앙회는 소상공인과 자영업자 505명(외식업자는 248명, 숙박업자는 257명)을 대상으로 긴급 실태조사를 했다. 내란 사태가 내수 경기에 미친 영향을 파악하기 위한 취지였다. 비상계엄이 선포된 지 일주일 남짓 지났을 뿐인데 피해를 봤다는 응답자가

46.9%, 아직 심각하게 타격받지 않았으나 곧 그렇게 될 것을 걱정한다는 답변이 46.6%에 달했다. 거의 모든 소상공인과 자영업자가 내란 사태로 피해를 본 셈이다.

중소기업중앙회는 생생한 피해 사례도 전했다. 충북 청주의 한 음식점 사장은 "12월은 회식, 단체 손님들이 가장 많은 시기로 매출이 제일 많이 일어날 때인데, 현재 저녁 단체 손님은 하루에 한 팀 있을까 말까 할 정도다. 거의 예약이 안 들어오고 있다"라고 호소했다. 서울의 한 음식점 사장은 "비상계엄 주간(2024년 12월 3일~12월 8일)엔 망했다 할 정도로 매출이 나오지 않아서 당황했다"라고 털어놓았다. 음식점뿐 아니라 숙박업에도 찬바람이 불었다. 강원도 속초의 숙박업체 사장은 내란 사태 직후 상황을 생생하게 전했다.

"12·3 비상계엄 이후로 예약 자체가 없고 문의도 없다. 기존에 예약됐던 3건도 취소됐다. 한 달 기준으로 단체예약 1~2건, 개별예약은 약 60건 정도였는데, 계엄 사태 이후로 사람들의 이동 자체가 없어서 현재 예약과 숙박 비율이 0%로 생존의 위기에 직면해 있다. 관리비나 인건비 등 고정적으로 나가는 돈은 있는데 매출이 없으니 한두 달 정도야 어떻게든 버티겠지만 계속 누적된다면 파산까지 이를 수 있다고 생각한다."

비상계엄 선포 이전에도 내수 경기는 3년째 내리막길이었다. 윤석열 정부 들어 소매판매액 지수가 전년 같은 기간보다 좋아진 분기는 한 번도 없었다. 소매판매액 지수는 소비 동향을 가장 잘 파악할 수 있는 지표로, 백화점과 대형할인점, 아웃렛, 면세점, 슈퍼마

켓, 전문소매점 등 거의 모든 소매점을 망라해 매월 판매금액을 조사해 작성한다. 여기에 관세청과 수입자동차협회, 한국석유관리원 등 행정자료를 참고해 지수화한다. 최종 소비자에게 판매된 금액을 집계한다는 점에서 소비 동향을 잘 보여주는데, 윤석열 정부 출범 직전인 2022년 1분기에 2.6% 상승한 것을 마지막으로 이후 오른 적이 없다. 관련 통계가 작성되기 시작한 1995년 이후 소매판매액 지수가 분기 기준으로 이렇게 장기간 하락한 시기는 없었다.

내수 침체는 오프라인 매장만 강타한 건 아니었다. 2024년 10월에는 온라인쇼핑 거래액 증가율이 0.6%에 그치며 역대 최저 수준을 기록했다. 온라인쇼핑도 소비 부진을 피할 수 없었던 것이다. 온라인쇼핑은 인터넷쇼핑과 스마트폰을 이용한 모바일 쇼핑을 합친 금액이다. 온라인쇼핑은 거래액이 발표될 때마다 높은 성장률을 보였다. 그럴 수밖에 없던 것이, 쇼핑 방식이 오프라인 매장 대신 간편한 온라인쇼핑으로 빠르게 이동하고 있어서다. 이런 온라인쇼핑마저 성장률이 1% 미만으로 떨어졌다는 것은 소비 침체가 그만큼 심각했다는 뜻이다.

내수 경기가 초토화될 징후는 코로나19 팬데믹이 끝나면서 나타났다. 2008년 금융위기 이후 시중에 돈을 많이 풀었던 미국 연방준비제도가 통화정책을 긴축으로 전환한 것이 계기가 됐다. 연준이 그럴 수밖에 없었던 것은 팬데믹이 지나간 뒤부터 물가가 급등했기 때문이다. 연준은 인플레이션을 잡기 위해 2022년 3월부터 기준금리를 빠른 속도로 올렸다.

그 여파는 곧바로 한국 경제에도 영향을 미쳤다. 미국만큼 소비자물가가 오르진 않았으나 우크라이나 전쟁과 중동 정세 불안 등 지정학적 갈등은 국제 유가를 비롯한 원자재 가격을 밀어 올렸고 정부의 농산물 수급 정책 실패로 먹거리 물가도 치솟았다. 불안한 물가를 안정화하려면 한국은행도 기준금리를 올릴 수밖에 없었다. 미국이 금리를 올리면서 달러 가격도 강세를 보였다. 고물가와 고금리, 고환율 등 '3고'의 거대한 쓰나미가 몰려왔다.

경제 전문가라면 이런 변화가 국민 삶에 어떤 시련을 줄 것인지 쉽게 예측할 수 있다. 평생 경제 정책을 담당했던 기획재정부 고위 관료들도 잘 알고 있었을 것이다. 물건값이 오르면 국민 지갑은 얇아진다. 집을 장만하거나 전세 자금을 빌린 사람들은 이자를 내야 하는데 금리가 올랐으니 이 또한 소비 여력을 떨어뜨리는 요인이 된다. 우리 경제는 수입과 수출로 굴러간다. 대외 교역 비중이 매우 높다. 고환율은 수입 물가에 이어 생산자 물가를 밀어 올리고 시차를 두고 서민물가 상승으로 이어진다.

내수 경기에 활력을 불어넣는 근간인 소비가 위축될 수밖에 없었던 이유를 각종 통계들이 잘 설명해준다. 2022년과 2023년 고용노동부가 집계하는 근로자 1인당 월평균 실질임금은 각각 0.2%와 1.1% 감소했다. 통계 기준이 바뀐 2012년 이후 실질임금이 줄어든 적은 한 번도 없었다. 거기에 2년 연속 감소한 것은 충격적이다. 정부가 소비자물가를 잡지 못한 상태에서 기업들도 수익을 내지 못해 급여를 올리지 못한 결과다.

통계청이 발표하는 가구 실질소득 동향 자료도 비슷한 흐름을 보여준다. 특히 2024년 1분기 조사 결과를 보면 국민의 삶이 얼마나 팍팍해졌는지 짐작할 수 있다. 가구 실질소득은 7년 만에 가장 큰 폭으로 줄었다. 가장 큰 원인은 역시 얇아진 월급봉투였다. 근로소득은 가계소득에서 가장 큰 비중을 차지하는데 대기업까지 상여금을 줄이면서 실질 근로소득은 1년 전 같은 기간보다 3.9% 감소했다. 2006년 통계 작성 이후 가장 많이 줄어든 것이다. 고소득층도 수입이 줄었으나 저소득층은 말 그대로 먹고사는 일에만 돈을 쓰는데도 적자를 면하기 힘든 상태였다. 통계청의 '2024년 3분기 가계 동향 조사'를 보면 적자 가구 비율이 24%에 육박했다. 4가구 중 약 1가구가 소득보다 소비지출이 많다는 의미다. 윤석열 정부 들어 이런 가구는 계속 증가했다. 특히 소득 하위 20% 가구는 절반 이상이 적자 가구에 속한다. 실질 사업소득이 1.7% 줄어든 것은 내수 경기와 관련해 눈여겨볼 대목이다. 사업소득의 감소는 자영업자가 힘들게 장사해도 손에 돈을 쥐어 보기는커녕 손해만 본다는 의미이기 때문이다.

극심한 내수 침체로 인한 자영업자와 소상공인의 고통을 보여주는 통계는 차고 넘친다. 폐업한 사업자 수가 100만 명에 달한다는 것 하나만 봐도 이들의 형편을 알 수 있다. 중소기업중앙회가 2007년부터 운영하는 노란우산 공제라는 제도가 있다. 노란우산 공제금은 은행 대출 연체나 국세 체납 때도 압류되지 않아서 소상공인에게는 최후의 보루가 되어줄 비상금이다. 사업이 망해 생계가 위협

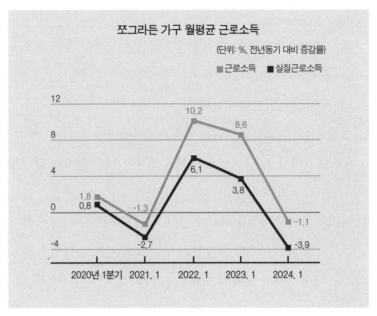

쪼그라든 가구 월평균 근로소득

(단위: %, 전년동기 대비 증감률)

■ 근로소득 ■ 실질근로소득

자료: 통계청

받을 위험에 대비해 공제에 가입한 소상공인들은 웬만해서는 해지하지 않는다. 그런데 윤석열 정부 내내 소상공인의 폐업 공제 금액은 사상 최대 폭으로 증가했다. 소상공인이 은행에서 빌린 돈을 지역 신용보증재단이 갚아준 대위변제금도 2022년 5000억 원대였으나 2024년에는 2조 원을 훌쩍 넘겼다.

현실이 이러한데도 정부의 인식은 안이하기만 했다. 상징적인 장면이 2024년 8월 김문수 고용노동부 후보자의 국회 인사청문회에서 목격됐다. 국회 환경노동위원회 소속 민주당 박정 의원이 질의

했다.

"2021년부터 계속 실질적 임금이 감소한다. 노동부 장관 후보로 오셨으면 파악해야 한다."

그러자 김문수 장관이 대답했다.

"실질임금이 감소하고 있다는 말은 처음 듣는다."

바로 여기에서 2년 6개월간 윤석열 정부의 내수 경기가 급전직하로 떨어진 이유를 엿볼 수 있다. 고물가와 고금리, 고환율은 기업과 가계의 주머니 사정을 나쁘게 했다. 이럴 때 정부는 재정을 풀어 완충 역할을 해야 하는데 윤석열 정부는 그럴 마음도, 그럴 능력도 없었다. 재정 적자가 쌓여 국가부채가 늘어나면 미래세대에 부담을 준다는 원론적인 말만 되풀이하며 사실상 내수 경기가 추락하는 것을 수수방관했다.

적극적인 재정정책을 펼치면 소비가 살아나고 소득분배도 개선된다는 사실은 여러 통계와 실증 연구에서 이미 증명됐다. 적기에 재정을 풀면 국가채무 증가나 물가 부담 같은 기회비용을 넘어서는 효과를 볼 수 있는 것이다. 코로나19 팬데믹 초기인 2020년 5월부터 지급된 약 14조 원의 1차 재난지원금의 정책효과는 이를 잘 보여준다.

한국개발연구원KDI이 2020년 12월에 발표한 보고서 〈1차 긴급재난지원금 정책의 효과와 시사점〉에 따르면 재난지원금의 소득 증대 효과는 약 30%에 달했다. 신용카드 사용액이 4조 원 증가하면서 직전 분기까지 마이너스였던 민간 소비가 1.5% 증가했다. 이는 긴급재난지원금 지급 금액, 신용·체크카드와 현금으로 지급된 긴급 재난지원금 사용실태, 거시경제지표, 체감경기지표 등 공개 자료와 함께 1300명 이상의 국민을 대상으로 설문 조사한 내용을 분석한 결과다.

투입된 재원 대비 소득 증대 효과는 26.2%~36.1%에 달했다. 이는 대만이 2009년 지급한 소비 쿠폰의 소비증대 효과(약 24.3%)보다는 높고 미국이 2001년 세금 감면으로 가계소득을 지원한 정책(20~40%)과는 유사한 수준이다. 평상시였다면 채무 상환이나 저축을 생각하지 못했을 상황에서 100만 원의 재난지원금을 받아 일부는 가계 채무 상환이나 저축에 쓰고 나머지 자금을 소비에 썼을 것이라는 점에서, 단순히 100만 원으로 이끌어낸 소비 진작 효과가 고작 30만 원이냐고 비판할 문제는 아니라는 게 KDI가 내린 결론이다.

KDI 보고서가 나오기 직전인 2020년 11월 국회 예산정책처도 긴급재난지원금의 생산 유발 효과가 최대 1.8배에 이른다는 분석 결과를 발표했다. 2020년 5월 11일부터 8월 31일까지 지급된 1차 긴급재난지원금 중 신용카드 사용액 9조 5591억 원의 생산 유발 효과가 최대 17조 3405억 원에 달했다는 뜻이다. 기존 소비를 대체하는 효과를 고려한다고 해도 생산 유발 효과는 13조 8724억 원(1.45배)에 이르렀다. 직접적인 수혜 업종인 음식점과 숙박 서비스뿐 아니라 정보통신과 화학, 방송 등 다른 분야의 생산 유발 효과도 작지 않았던 것으로 분석됐다.

정부의 적극적인 재정 투입은 소득 불평등을 개선하는 효과도 있다. 특히 내수 경기가 좋지 않을 때 정부 지출은 취약계층을 보호하는 방파제 역할을 한다. 한국은행이 2024년 6월 공개한 '가계 분배 계정' 자료를 보면 문재인 정부 시설인 2018년부터 2022년까지 가계 소득분위 간 소득 격차가 이전소득에 의해 축소된 것으로 나타났다.

저소득층인 1~2분위 가계는 정부로부터 기초연금 등 사회수혜 금을 받으면서 총 처분가능소득 점유율이 상승한 반면 최상위 소득층인 5분위는 소득세 등 경상세 납부 등으로 하락했기 때문이다. 이 기간 가계의 소득분위별 소비 점유율도 비슷한 흐름을 보였다. 1~2분위는 상승했고 5분위는 하락하며 소비 측면에서도 격차가 축소된 것으로 나타났다. 이는 고소득층인 5분위 가계가 필수재가 아닌 제품과 서비스 소비를 줄인 영향이다.

한국은행의 '가계 분배계정'은 정부의 재정 지출을 통한 공적 보조금 등 이전소득이 양극화를 해소할 수 있다는 사실을 명확히 보여주는 자료라는 점에서 의미가 있다. 윤석열 정부는 재정건전성을 내세워 소비 활성화를 위한 예산 투입에 소극적이었다. 그 결과 내수 경기는 압살당했고, 기업과 가계의 수입이 줄어 세금이 덜 걷히면서 재정 적자도 쌓였다. 엉터리 경제 정책으로 두 마리, 세 마리 토끼를 놓친 셈이다.

네 번째. 거꾸로 간 부동산 정책

고금리 시대에 집값 띄우기

"왜 정책이 이렇게 오락가락하나?"

2024년 7월부터 9월까지 금융당국은 모든 언론으로부터 이런 욕을 먹었다. 2단계 스트레스 DSR(총부채원리금상환비율) 시행 시기를 갑자기 7월에서 9월로 연기하면서 스텝이 꼬였기 때문이다. 가계부채의 증가세를 꺾을 수 있는 대출 규제인 2단계 스트레스 DSR을 두 달 미룬 이유를 금융당국은 서민에게 원활하게 자금을 공급하기 위해서라고 했다. 그러나 대다수 국민은 그렇게 생각하지 않았다.

"이제 정부가 대놓고 집값을 띄우려고 작정했구나!"

이런 심리가 부동산시장을 지배했다. 그러다 보니 너도나도 은행으로 달려갔다. 스트레스 DSR은 변동금리 대출을 이용하는 차주가 금리 상승으로 원리금 상환 부담이 증가할 가능성에 대비해 DSR을 산정할 때 일정 수준의 가산금리(스트레스 금리)를 부과해 대출 한도를 산출하는 제도다. 2024년 2월 은행권 주택담보대출을 대상으로 1단계 조치를 도입했고, 이보다 강화한 2단계 스트레스 DSR을 7월에 시행하기로 했던 것이다.

이런 규제를 갑자기 두 달이나 연기하자 9월 이전에 대출받으려는 수요가 몰렸다. 서울과 수도권을 중심으로 이른바 주택담보대출이 급증했다. 쉽게 대출받을 수 있을 때 어떻게든 돈을 빌려 집을 사겠다는 생각에서다. 그 결과 7월부터 가계부채가 눈에 띄게 늘더니 8월에는 증가액이 10조 원에 육박했다. 한국은행이 발표한 2024년 3분기(7~9월) 가계대출 통계를 보면 잔액이 1795조 8000억 원으로 2분기 말보다 약 16조 원이 늘었다. 2021년 3분기 이후 가장 큰 증가 폭이었다.

이렇게 가계대출이 대폭 늘어난 책임은 금융당국의 오락가락하는 정책 탓이 컸다. 2단계 스트레스 DSR를 연기하는 바람에 은행권을 중심으로 주택담보대출이 폭증했는데 이 기간에 주택담보대출은 가계부채 증가액보다 3조 원가량 많은 19조 4000억 원에 달했다. 단 3개월 사이 20조 원 가까운 돈이 풀리자 집값이 폭등했다. 서울과 수도권의 인기 지역과 아파트 단지는 가격이 가장 높았던 수준까지 올랐다.

부동산시장 불안이 금융당국 때문이라는 여론이 급속히 확산했다. 예정대로 2단계 스트레스 DSR을 시행했다면 가계부채도 늘지 않았을 것이고 집값도 안정됐을 것이라는 비판이 제기됐다. 그러자 금융당국은 부랴부랴 은행들의 팔을 비틀기 시작했다. 이번엔 주택담보대출 금리를 올릴 것을 강권한 것이다. 금리가 오르자 내 집 마련을 준비하던 수요자들은 혼란에 빠졌다. 집을 사라고 신호를 보낼 때는 언제고 정부가 직접 개입해 대출 규제를 하는 게 말이 되느냐는 비난이 거셌다. 은행도 정부 정책이 수시로 바뀌면서 어느 장단에 춤을 춰야 할지 몰랐다.

고금리 시대에 정부가 절대 해서는 안 되는 정책이 바로 빚내서 집을 사라고 권하는 것이다. 하지만 윤석열 정부는 가계부채가 눈덩이처럼 쌓이는 와중에도 집값 띄우기에 진심을 보였다.

문제는 인위적인 집값 띄우기가 시장 흐름과는 역행하므로 반드시 역효과가 난다는 점이다. 2단계 스트레스 DSR 시행 시기가 연기되면서 우리가 목격한 혼란이 이를 상징적으로 보여준다. 인위적인 집값 띄우기가 얼마나 위험한 정책인지는 부연설명이 필요 없다. 미국은 2022년 3월 기준금리를 올리며 통화정책을 전환했다. 이후 한국을 포함한 주요국은 모두 금리를 올렸다. 치솟는 물가를 잡기 위해서도 금리 인상이 시급했다. 금리를 올리면 이자 부담이 늘면서 대출 수요가 줄어들게 마련이다. 집을 사려는 사람이 감소하며 거래가 줄고 집값은 하락한다. 고금리가 부동산 가격을 떨어뜨리는 건 시장의 자연스러운 현상이다. 경제 정책도 당연히 이런 흐름을 따라야 뒤탈이 안 난다.

하지만 윤석열 정부는 시장을 거스르는 정책을 펼쳤다. 중산층의 내 집 마련이나 저출생 대응 등을 이유로 들었으나 실제 내용은 집값을 부양하는 정책이었다. 대표적인 수단이 특례보금자리론과 신생아 특례대출이다. 특례보금자리론은 2023년 1월에 나왔다. 6억 원 이하 주택이 대상이던 기존 보금자리론보다 대상과 대출 한도를 대폭 넓힌 게 특징이다. 주택은 9억 원 이하로, 대출도 3억 6000만 원 이하에서 5억 원 이하로 완화했다. 무엇보다 DSR 규제를 적용받지 않아 '빚내서 투자'를 부추기는 부작용을 낳았다. 특례보금자리론으로 주택시장에 풀린 돈은 1년 만에 40조 원을 훌쩍 넘었다. 금리 상승기에는 집값이 하락하는 게 순리인데 파격적인 조건의 정책자금이 부동산시장을 교란했다. 특례보금자리론을 받을 수 있는 대상자들이 너도나도 대출받아 집을 산 결과다. 정부는 서민의 내집 마련을 지원하고 부동산시장 침체를 막겠다는 명분을 내세웠지만 시장과 실수요자들은 그렇게 받아들이지 않았다. 이렇게 부동산시장에 돈을 풀어 유동성을 공급하니 집값이 하락하기는커녕 급등하는 상황이 또 올 수도 있겠다는 공포감이 시장을 지배하게 됐다.

문제는 가계부채였다. 특례보금자리론으로 무리하게 대출을 받아 집을 장만한 수요자는 빚 폭탄을 안고 살게 된다. 집값이 계속 오르면 괜찮겠지, 그러나 이는 희망 사항일 뿐이다. 인위적으로 밀어 올린 집값은 언젠가는 조정을 받게 돼 있다. 그 시기와 폭을 알수 없어서 그렇지 반드시 직면하게 될 현실이다.

부동산이든 주식이든 채권이든 가상화폐든, 자산시장에는 거품이 낀다. 자산 투자의 근저에는 탐욕이 있기 때문이다. 탐욕이 공포로 바뀌는 순간이 바로 거품이 빠지는 시발점이다. 이를 촉발하는 방아쇠는 여러 가지다. 주택담보대출 금리가 갑자기 오르거나, 부동산시장에 대한 부정적 전망이 퍼지며 매수가 뚝 끊길 수도 있다. 외환위기나 금융위기 등 경제적인 혼란이 부동산시장을 무너뜨린 전례도 많다. 바로 이럴 때 빚을 내서 투자한 사람들이 폭탄을 맞는다. 부동산 침체기에 회자하는 용어가 바로 '하우스 푸어'다. 집을 소유하고 있으나 일상을 영위하기 힘들 만큼 가난해진 사람을 말한다. 하우스 푸어가 늘어나면 가계부채는 금융시스템을 흔드는 뇌관이 될 수 있다.

1년 만에 40조 원 이상 풀린 특례보금자리론은 가계부채 급증을 초래했다. 이에 대한 비판이 쏟아지자 윤석열 정부는 한발 물러나 특례보금자리론 방출을 중단했다. 하지만 집값 띄우기에 대한 미련을 버리지 못해 2024년 특례보금자리론을 대체한 새로운 정책금융 상품을 내놓았으니 바로 '신생아 특례대출'이다. 상품 이름이 말하는 것처럼 '저출생 극복'을 명분으로 내세웠다. 2023년 출생한 신생아부터 특례대출을 적용하며 9억 원 이하 주택을 기준으로 최대 5억 원까지 자금을 지원한다는 게 주요 내용이다. 이 상품 역시 DSR 규제가 적용되지 않아 시행 6개월 만에 7조 원을 돌파할 정도로 인기를 끌었다.

주택시장은 다시 들썩였다. 서울 인기 지역인 마포와 용산, 성동구 집값이 가파르게 올랐다. 문재인 정부 시절 풍부한 초저금리 자금이 도화선이 돼 폭등했던 집값이 조정받아야 할 타이밍에 정반대 현상이 나타났다. 주택 수요자들은 헷갈릴 수밖에 없었다.

"더 오르기 전에 집을 사야 하나?"

이런 고민을 하는 이들이 또다시 급속히 늘었다. 신생아 특례대출은 지금 당장 빚을 내서라도 인기 지역 아파트를 사야 한다는 강박 관념을 수요자들에게 불어넣었다. 가계부채 증가 속도는 다시 빨라졌다. 한국은행이 기준금리를 올려도, 전문가들이 주택시장이 이상 과열됐다고 경고해도 소용없었다. 저리의 정책금융 혜택을 받지 못하는 이들까지 주택담보대출을 받으러 은행으로 달려갔다. 높은 금리가 부담돼도 향후 집값 폭등으로 영원히 '집주인'이 되지 못하는 절망적 상황보다는 낫다고 판단하는 이들이 많았다.

이렇듯 내 집 마련을 위한 수요자들의 위험하면서도 필사적인 질주를 속으로 즐기는 곳이 있었으니 시중은행들이다. 예금과 대출금리 차이가 벌어지며 가만히 앉아 떼돈을 벌었다. 예금 금리는 찔끔 올리고 대출금리는 큰 폭으로 올리는 이들의 행태는 거침이 없었다. 무리해서라도 집을 사겠다는 사람이 넘쳐나니 대출 수요는 풍부했다. 굳이 금리를 깎아줄 필요도 없었다.

가계대출이 다시 급증하는 것에 대한 비판 여론은 은행이 수익을 더 챙길 수 있는 여건을 조성했다. 집값을 띄워 대출 수요를 조장했던 윤석열 정부는 가계부채가 늘어난 책임을 은행에 물었다. 금융당국은 가계부채 증가세를 꺾으려고 은행권에 주택담보대출 가산금리를 올리라고 압박했다. 이에 은행들은 여러 차례에 걸쳐 대출금리를 올렸고, 예대 금리 차이는 더 벌어졌고, 그에 따른 은행 수익도 더 늘었다. 기업과 가계는 늘어난 빚에 이자 부담이 커져 고통받고 있는데 은행만 앉아서 돈을 버는 상황이 연출됐다. 시장 흐름에 역행하는 집값 띄우기와 이로 인한 가계부채 급증, 금융당국의 땜질식 대응이 합작해낸 부작용이었다.

특례보금자리론을 공급했던 2023년 주택도시보증공사HUG 등을 통해 정부가 부동산시장에 풀었던 정책금융 규모는 80조 원에 육박했다. 2019년부터 2022년까지 주택 관련 정책자금 대출액은 매년 24조~40조 원 정도였다. 금리가 본격적으로 상승한 시기였던 2023년 엄청난 정책자금을 부동산시장에 쏟아부은 셈이다. 가계 빚은 가계 빚대로 늘고, 조정받아야 할 집값을 되레 올려놓아 부동산시장 거품이 빠질 때 더 충격을 받게 만들었다.

윤석열 정부는 이것도 모자라 다주택자 보유세와 양도세를 완화하고 재건축 규제를 푸는 정책도 병행했다. 재산세와 종합부동산세 등 부동산 관련 각종 세금의 과표 역할을 하는 공시가격을 2020년에 맞춰 동결한 것도 집값 띄우기의 하나로 볼 수 있다. 문재인 정부는 조세 형평성과 공정한 부동산 가격 책정 등을 위해 '부동산 공시가격 현실화 로드맵'을 만들었는데 이를 무력화한 것이다. 다만 공시가격 현실화 폐지와 다주택자 중과세 철폐 등은 대부분 관련법을 개정해야 하는 사안이라 21대에 이어 22대 국회도 야당이 최대 의석을 장악하며 이를 저지한 것은 그나마 다행이다.

2024년 8월 8일 발표된 '국민 주거 안정을 위한 주택공급 확대 방안', 이른바 '8.8부동산 대책'도 사실상 집값을 띄우려는 의도가 훤히 들여다보였다. 시장 안정화를 위해 서울과 수도권에 총 42만 7000호 이상의 주택과 신규택지 공급, 빌라 등 비아파트 신축매입임대 11만 호 이상 확대, 서울의 경우 비아파트 시장이 정상화될 때까지 신축매입임대를 무제한 공급한다는 게 주요 내용이다. 후속 조치로 12년 만에 대규모 개발제한구역(그린벨트)을 해제하겠다는 방안도 내놓았다. 결국 집값을 올리려고 미래를 위해 반드시 남겨놓아야 할 녹지마저 훼손하겠다는 것이다. 경제정의실천시민연합은 즉시 '8.8부동산 대책'의 허구성을 비판하며 대통령 앞으로 이런 내용의 공개 질의서를 보냈다.

정부의 대책은 최근 벌어지고 있는 집값 상승의 원인이 공급부족이라 파악하고 있는 것으로 보인다. 그러나 전임 정부의 대규모 공급 정책인 3기 신도시 개발 등의 공급이 실행조차 되지 않았는데도 집값이 하락하기 시작하여 얼마 전까지 계속됐음을 떠올릴 필요가 있다. 대규모 주택공급이 없었는데도 집값이 하락했다는 것은 공급부족이 집값 상승 원인이 아니었음을 방증한다. 무분별한 주택공급 확대 정책은 오히려 집값 상승을 자극할 뿐 아니라 환경을 파괴하고 지역 불균형을 심화시킬 것이다. 특히 비아파트 매입임대주택의 확대 또한 크게 우려하지 않을 수 없는 사안이다. 정부가 부동산 시장에 막대한 자금을 풀게 되면 비아파트를 중심으로 부동산 가격이 상승하여 집값 상승 폭이 더욱 커질 수 있기 때문이다. '8.8부동산 대책'은 부동산시장 안정화보다는 집값 띄우기에 더 큰 목적이 있다고 판단하지 않을 수 없다.

　윤석열 정부는 주택시장에 대한 인위적 개입으로 자연스럽게 형성돼야 할 집값 조정을 막았다. 고금리에도 가계부채는 급증했고 주택시장에 거품을 키웠다. 이는 실수요자들이 빚을 내서 투자한 자금으로 부실한 부동산 프로젝트파이낸싱PF 사업장에 산소호흡기를 달아주는 것이기도 했다.

앞으로가 더 걱정이다. 윤석열 정부의 '인위적 집값 떠우기'로 생긴 부동산 거품은 언젠가는 꺼질 수밖에 없다. 그 피해는 무주택자 신세를 모면하려고 무리하게 대출받아 집을 산 사람들의 몫이 될 것이다. 어떻게든 내 집을 마련해보겠다고 안간힘을 썼던 실수요자들은 패자가 되고, 많은 이자를 챙긴 은행과 주택 가격이 올랐을 때 집을 처분한 다주택자들만 승자가 될 것이다.

여기서 하나 더 지적하자면, 인공지능 등 혁신 분야에 투자해야 할 자금이 비생산적인 부동산시장으로 간 것도 한국 경제 전체로 볼 때 뼈아픈 실책이 아닐 수 없다.

다섯 번째.
R&D 생태계의 붕괴
무지한 '과학 대통령'의 무모한 결단

윤석열은 2023년 6월 28일 '국가재정전략회의'를 주재하며 느닷없이 이런 질타를 쏟아냈다.

"(과학계 카르텔이 있다. 이들의) 나눠먹기식, 갈라먹기식 R&D 예산은 원점에서 재검토할 필요가 있다."

맥락이 아리송한 이런 호통이 있은 지 두 달 뒤 정부가 발표한 2024년 예산안에는 깜짝 놀랄 만한 내용이 담겼다. 과학기술정보통신부의 R&D 예산을 16.6%나 삭감한다는 것이다. 구체적으로는 국가가 직접 지원하는 예산 3조 4000억 원과 대학과 기업에 주는 연구 지원금 등 일반 R&D 예산 1조 8000억 원을 합쳐 5조 원 이상을 깎겠다는 내용이었다. 만약 정부안이 그대로 확정되면 국가 R&D

예산은 31조 1000억 원에서 25조 9000억 원으로 쪼그라들 판이었다.

국가 R&D 예산을 삭감한 것은 1991년 이후 33년 만의 일이다. 1997년 외환위기와 2008년 금융위기같이 정부의 예산 확보가 여의치 않았을 때조차도 R&D 예산은 절대 깎지 않았다. 오히려 아무리 나라 살림이 어려워도 R&D 예산만큼은 늘려왔다. 국가 미래를 위해서는 연구개발 투자가 그만큼 중요했기 때문이다.

졸지에 카르텔 집단으로 악마화된 과학계와 이공계 대학원 연구생, 심지어 정부가 출연한 연구소들은 즉각 발끈했다. 거의 모든 현직 연구원은 R&D 예산 삭감이 바람직하지 않다는 인식을 공유했다. 정부출연연구기관 단체와 노조 등 9개 조직으로 구성된 과학기술계연대회의와 국회 과학기술정보방송통신위원회 소속 더불어민주당 민형배 의원실이 공동으로 설문조사한 결과를 보면, R&D 예산 삭감은 '매우 바람직하지 않다'라는 응답이 91.9%로 압도적이다. 바람직하지 않은 편이라고 답한 6.3%까지 합치면 98% 이상이 예산 삭감에 반대한 것으로 볼 수 있다. 이 설문조사에는 과학계와 이공계 교수와 연구원, 박사후연구원, 대학원생 등 2887명이 참여했으니 전체 여론을 대변하고 있다고 해도 과언이 아니다.

예산 삭감의 가장 큰 문제로 응답자의 24.1%는 R&D 카르텔에 대한 정부의 설명 부족을 꼽았다. 과학 정책의 불투명한 의사결정 구조(18.7%)와 준비가 부족한 과학기술 정책 방향(17.1%), 연구 현장의 소리 미반영(16.7%) 등도 반대 이유로 꼽혔다. R&D 예산 삭감이 즉흥적으로 이루어졌다는 사실을 방증하는 조사 결과다. R&D 예산 삭감의 부작용으로는 39.7%가 국가 과학기술 경쟁력 약화를 꼽았다. 현장 연구원의 사기 저하(26.9%)와 연구인력 해외 유출 심화(13.8%), 대학 이공계 기피 현상(13.1%)을 거론한 이들도 적지 않았다. 정권에 따라 R&D 정책을 바꾸지 못하도록 법을 개정해야 한다는 응답도 34%나 됐다. 국내 최대 생물학 연구자 모임인 생물학연구정보센터가 과학기술 관련 종사자와 이공계 학생 2855명을 대상으로 진행한 조사에서도 응답자의 97.9%가 예산이 삭감되면 내년 연구 수행에 차질이 발생할 것이라고 답했다.

여론의 역풍이 거세지자 정치권에서도 비판이 쏟아졌다. 이재명 민주당 대표는 "전 세계가 비웃을 무지한 행동"이라고 질타했다. 민주당은 공식 논평에서 "기술 패권 시대와 동떨어진 21세기판 쇄국 정책"이라며 "중소기업과 대기업 구분 없이 원천기술 R&D에 파격적으로 지원하는 특별예산을 편성할 것"이라고 맞받아쳤다. 여당인 국민의힘에서조차 비판의 목소리가 나올 정도였다. 하지만 윤석열을 맹종한 추경호 당시 경제부총리 겸 기획재정부 장관은 이런 지적과 비판을 한마디로 무시해버렸다.

"R&D 예산이라고 성역은 아니다."

그러나 정부 R&D 예산 삭감의 후폭풍은 거셌다. 안타까운 사례들이 차고 넘친다. 국내 모 대학 대학원에서 바이오 학과 석과 과정 중인 한 학생은 지도교수로부터 몇 달간 연구비를 받을 수 없다는 통지를 받았다. 그가 속한 연구실은 폐암과 자폐증 환자 유전자

정보를 인공지능 알고리즘으로 분석해 치료나 신약 개발을 제안하는 연구를 수행 중이었다. 대형 병원과도 협업했다. 석사 과정 연구원은 세전으로 매달 220만 원의 연구비를 받아왔다. 그런데 정부가 과학기술정보통신부 연구개발 예산을 4조 6000억 원을 삭감하며 연구비 예산 집행이 지연됐다. K씨는 "연구비를 늦게 받는 것도 기분이 좋지 않지만, 그나마도 많이 줄어든다고 해 더 걱정"이라며 한숨을 쉬었다. 구본경 기초과학연구원IBS 생명과학 클러스터 유전체 교정 연구단장은 2024년 2월 대덕넷에 이런 글을 올렸다.

"R&D 예산 삭감으로 몇 년간 고락을 같이하며 손발을 맞춰오던 선임연구원이 2명이나 곁을 떠난다. 우리 연구단으로선 마치 '탑건' 같은 숙련된 연구 파트너를 잃게 됐으니 글로벌 주도권을 쥐고 있던 연구에 차질이 불가피하다."

R&D 예산 삭감으로 이공계 대학원생들이 받던 연구비가 삭감되고 중소기업과 정부출연연구소들은 수년간 연구해 온 과제를 중단해야 할 상황에 몰렸다. 겨우 생활비 정도의 연구비를 받았던 연구원들은 연구소를 떠나 해외로 나갈 방도를 찾아야만 했다. 2023년 9월 전국대학원생노동조합은 정부가 R&D 예산을 삭감하겠다고 발표한 직후 이런 내용의 성명을 발표했다.

"윤석열 정부의 총체적인 R&D 예산 삭감은 대학원생 학생연구원의 경제적 여건을 더욱 취약하게 만드는 정책이다. 위로부터의 구조조정에서 가장 위태로운 존재는 비정규직이자 외부 인력인 대학원생 학생연구원이다."

이들의 우려는 현실이 됐다. 연구실마다 예산이 줄면서 연구생들이 생활고를 호소하고 박사후연구원들의 권고사직도 급격히 늘었다. 중소기업들도 R&D 예산 삭감으로 고통을 겪었는데 2024년 중소벤처기업부까지 R&D 사업을 대폭 줄였기 때문이다. 그런데도 엉뚱한 해명을 내놓았다.

"사업 간 유사·중복, 단기 현안 등 비효율적 요소 개선을 위해 축소한 것이다."

지원이 끊긴 연구 사업 중 상당수는 중단됐다. 중소기업 수천 곳이 그동안 연구에 투입한 비용을 날렸다. 이제 막 연구를 시작한 프로젝트는 그나마 매몰 비용이 덜했으나 기초연구를 넘어 실증단계에 들어선 연구는 타격이 컸다. 연구가 70~80% 진척된 사업도 예산을 배정받지 못해 중단됐다는 이야기도 나왔다. 국가과학기술인력개발원KIRD의 〈2023년 KIRD 과학기술 인재 개발 활동 조사 보고서〉는 R&D 예산 삭감 이후 이공계 연구생들의 실망과 불안을 그대로 보여준다. KIRD 교육사업 지원을 받는 과학 기술계 재직자 2000명과 석사와 박사과정생, 박사후연구원 등 대학 연구원 1000명을 대상으로 설문한 결과 연구생의 62.2%가 졸업 후 취업에 대한 불안감이 있다고 답했다. 응답자의 59.9%는 연구 성과에 대한 스트

레스가 있다며 어려움을 호소했다. 임기철 광주과학기술원 총장은
강한 어조로 비판했다.

"R&D 예산을 삭감한 건 정부의 정책 실패다. 분야별 심층 검토
없이 너무 기술적으로 예산을 감축한 측면이 있다. 전문가 몇 분만
모시고 일주일만 논의했더라도 그런 식으로 하지 않았을 것이다."

임 총장은 이명박 정부 때 대통령실 과학기술 비서관과 한국과
학기술기획평가원 원장 등을 역임한 과학 정책 전문가다. 오죽하면
보수 정권에서 과학 정책을 담당했던 인사까지 비판의 날을 세웠겠
는가. 결국 윤석열 정부도 잘못을 인정했다. 2024년 1월 임명된 박
상욱 대통령실 과학기술 수석(서울대 과학학과 교수)은 한 언론과 인
터뷰하며 이렇게 실토했다.

"정상적인 상황에서 R&D 예산이 깎인 건 이번이 처음이고 이례
적 상황이다."

R&D 예산은 1년 만에 복원됐다. 정책 헛발질이 분명했는데도
윤석열 정부는 끝까지 변명으로 일관했다. 22대 사전 투표 첫날이
었던 2024년 4월 5일 대통령실은 홈페이지 '사실은 이렇습니다' 코
너에 이런 글을 올렸다.

"R&D다운 R&D로의 개혁에 따른 2025년도 R&D 예산 증액은
윤석열 대통령이 작년부터 지속적이고 일관되게 밝혀온 정부의 공

식 입장이다. R&D 지원방식의 개혁을 꾀하는 동시에 내년 R&D 예산을 대폭 증액하고자 한다."

이에 앞서 박상욱 수석은 이와 관련한 브리핑을 했는데 예정에 없던 일정이었다. R&D 예산 삭감의 역풍이 좀처럼 잠잠해지지 않고 윤석열 정부의 대표적인 실정 사례로 거론되자 총선을 앞두고 부랴부랴 대책을 내놓은 것이다. 결국 2024년 R&D 예산은 국회 협상 과정에서 일부가 복원되며 최종적으로 14.7%(약 4조 6000억 원) 삭감됐다. 윤석열 정부는 이듬해 바로 역대 최고 수준의 R&D 예산을 편성하겠다고 발표했다. 국가의 미래가 걸린 R&D 예산을 고무줄처럼 줄였다 늘렸다 한 것이다.

윤석열은 2024년 1월 한 언론과의 인터뷰에서 어떤 대통령이 되고 싶은가를 묻는 질문에 이렇게 답했다.

"과학 대통령으로 국민에게 기억됐으면 한다."

대통령실은 이 말에 대한 용비어천가식 설명을 덧붙였다.

"윤 대통령은 과학으로 우리나라를 도약시킨 대통령으로 평가받고 싶다고 했다. 자원 등에 의존한 국가 번영은 지속할 수 없지 않나. 과학기술을 국정 중심에 놓겠다는 것이 윤 대통령의 생각이다."

하지만 이 말을 진심으로 믿는 국민은 없을 것이다. 구체적인 근거도 없이 R&D 예산을 삭감하고 과학 대통령이 되겠다니, 소가

웃을 일이다. 유시민 작가는 2023년 10월 9일 《시민언론 민들레》에 '연구개발 예산 삭감의 수수께끼'라는 제목의 칼럼을 게재했다. R&D 예산 삭감 논란이 한창이던 시기였다. 유 작가는 윤석열 정부의 어리석은 결정과 그로 인해 오랫동안 우리나라가 감당해야 할 후유증을 이렇게 걱정했다.

정부안 그대로 연구개발 예산을 삭감한다면 과학기술 연구 인력은 줄어들고 연구 성과는 빈약해질 것이다. 그로 인해 생산 기술의 발전 속도가 둔화할 것이다. 그러나 그것이 가져올 경제 효과는 윤석열 대통령의 임기 중에 드러나지 않는다. 그가 퇴임하고도 한참 더 지난 뒤에야 비로소 현실로 드러난다. (중략) 누가 이런 짓을 할 동기를 가질 수 있을까? 한국 경제가 망하기를 바라는 사람 말고는 없을 것이다. 대한민국 국민 누가 그런 것을 바라겠는가. 외국 간첩이라면 모를까.

여섯 번째. 좋은 일자리 고갈, 미래를 잃은 청년들

윤석열 정부의 참담한 고용 성적표

윤석열 정부의 헛발질은 R&D 예산에만 국한되지 않았다. 고용과 노동 정책도 말만 앞섰다. 그 결과 이제 막 사회에 첫발을 내딛는 청년층과 경제의 허리인 40대 일자리가 연기처럼 증발했다. '저출생 고령화'라는 현실을 고려해도 너무하다 싶을 만큼 좋은 일자리를 만들지 못했다. 그런데도 윤석열 정부는 몇 가지 통계치만 내세워 이런 현실을 가리려고만 했다. 2024년 11월 11일 기획재정부는 〈윤석열 정부, 경제 성과 및 향후 추진 계획〉이라는 제목의 보고서를 내놨는데 내용 중에는 이런 대목도 있다.

'3년 연속 46%대 청년 고용률을 유지했다. 역대 정권 가운데 가장 높은 청년 고용률을 달성했다.'

정말 그럴까? 그렇지 않다는 사실은 통계청이 매월 발표하는 고용동향만 들춰봐도 바로 알 수 있다.

고용 통계 조사에는 '그냥 쉬었음'이라는 항목이 있다. 응답자가 이걸 선택하면 비경제활동인구로 분류돼 실업률 통계에 아예 반영되지 않는다. 15~29세 사이 청년 중에 '그냥 쉬었다'라고 답한 인구는 조사할 때마다 증가하는 추세다. 윤석열 정부 출범 후 가파르게 증가하며 40만 명을 돌파했다. 한국은행이 2024년 12월 발표한 보고서에 따르면 특별한 이유 없이 구직활동도 하지 않고 그냥 쉰 청년은 그해 3분기 기준 42만 2000명에 달했다. 이는 1년 전보다 25.4%나 증가한 수치다. 윤석열 정부 이전에는 30만 명대 초반에 머물렀다. 이들은 특별한 사유나 교육훈련 없이 노동시장에 참여하지 않는다는 점에서 잠재적 노동력 손실을 의미한다.

그 이유는 청년들이 갈 만한 좋은 일자리가 없기 때문이다. 대기업이나 공공기관의 정규직으로 취업하는 건 '낙타가 바늘구멍에 들어가는 것'만큼이나 힘들다. 그렇다고 중소기업에 들어갈 수는 없다는 청년들이 대다수다. 작업 환경이 열악한 데다 임금도 대기업의 절반 수준밖에 안 되고 복지수준도 턱없이 낮기 때문이다. 중소기업에 취업하느니 그냥 쉬던가 아르바이트를 하는 게 낫다는 젊은 이도 많다.

중소기업중앙회 조사에 따르면 청년 노동자가 중소기업을 꺼리는 이유로는 저임금과 열악한 복지수준에 더해 기계 부품처럼 취급돼 일의 보람을 느끼기 어려운 구조도 있다. 노동 상담 사례에서도 청년 노동자들은 일관된 규정 없이 즉흥적으로 행해지는 중소기업 경영진의 업무지시와 기초 고용 질서 위반 피해, 저임금과 장시간

노동에 대한 불만 등의 고충을 토로하고 있다. 윤석열 정부 출범 후 노년층의 취업자 수는 빠르게 늘고 청년과 중장년층의 취업은 감소 하는 흐름이 더 뚜렷해졌다. 이는 정부가 '좋은 일자리 창출'에 실패 한 결과로 해석할 수 있다.

급증한 노인층 단기 일자리를 포함해도 일자리 증가율은 2023 년 역대 최저를 기록했다. 내수 경기 침체와 수출 저조가 동시에 경 제를 덮치면서 고용시장에도 한파가 몰려온 것이다. 이해 일자리는 2666만 개로 전년보다 20만 개(0.8%) 늘어나는 데 그쳤다. 연간 증 가 수와 증가율이 관련 통계 작성이 시작된 2016년 이래 가장 낮았 다. 문재인 정부와 윤석열 정부가 겹쳤던 2022년의 일자리 증가가 87만 개였던 것과 비교하면 4분의 1 이하로 급감했다. 윤석열 정부 마지막 해인 2024년에도 고용 참사는 계속됐다. 취업자 수는 약 17 만 명 늘어나는 데 그쳤다. 비상계엄을 선포했던 12월에는 아예 취 업자 수가 감소했다.

일자리의 질도 나빠졌다. 이는 2023년 기업 규모별 일자리 증감 현황을 보면 확인할 수 있다. 전체 일자리에서 중소기업이 1654만 개로 62.1%를 점했고 비영리 기업 570만 개로 21.4%를 차지했다. 대기업은 441만 개로 비중이 16.5%였다. 중소기업과 비영리 기업 은 각각 15만 개와 9만 개 늘어난 반면, 대기업은 4만 개가 감소했 다. 연간 대기업 일자리가 감소한 해는 윤석열 정부가 오롯이 경제 를 운용했던 2023년이 처음이었다.

현실이 이런데도 윤석열 정부는 '고용률 역대 최고, 실업률 역대

전체 일자리수 및 증감 추이

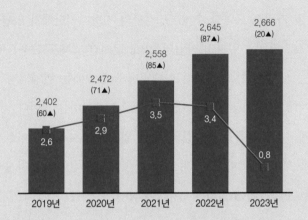

(단위: 만 개, %)

■ 일자리수(증감) ━■━ 증감률

2,402
(60▲)

2,472
(71▲)

2,558
(85▲)

2,645
(87▲)

2,666
(20▲)

2.6

2.9

3.5

3.4

0.8

2019년　2020년　2021년　2022년　2023년

일자리 규모

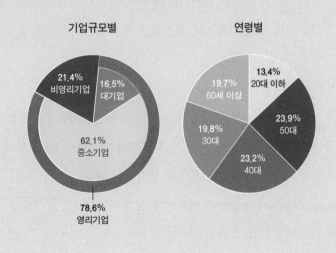

기업규모별

21.4%
비영리기업

16.5%
대기업

62.1%
중소기업

78.6%
영리기업

연령별

13.4%
20대 이하

19.7%
60세 이상

23.9%
50대

19.8%
30대

23.2%
40대

자료: 통계청

최저'를 자랑하기 바빴다. 누가 봐도 고용시장 현실을 있는 그대로 담아내지 못하는 통계 착시 때문인데 이를 개선하려고 노력하기는 커녕 실정을 가리는 데 활용했다. 고용 통계의 착시가 일어나는 이유는 몇 가지로 요약할 수 있다. 정부와 지방자치단체가 노년층을 대상으로 펼치는 일자리 사업의 형태, 단시간 일해도 고용률에 반영되는 시스템, 사실상 실업 상태인데도 통계에는 반영되지 않는 사각지대 등이 고용 시장의 냉혹한 현실을 왜곡하는 것이다.

통계청은 고용률을 조사할 때 돈을 벌 목적으로 1시간 이상 일한 사람을 모두 '취업자'로 본다. 요즘에는 직장에 취업해 전일 일하는 사람보다 자유롭게 일하는 특수고용직이 늘어나는 추세다. 좋은 일자리가 늘어나지 않은 이유도 있으나 직장에 매이지 않고 짧게 여러 가지 일을 하는 방식을 선호하는 추세도 있다. 그러다 보니 주당 15시간 미만으로 일하는 초단시간 노동자도 늘고 있다. 그 결과 실제 일하는 시간은 감소하는데 고용률은 증가하는 기현상이 발생하는 것이다.

정부와 지방자치단체의 공공 일자리 사업은 단기 고용에 집중돼 있다. 한편 자영업자와 소상공인들은 아르바이트 직원을 채용하면서 주휴수당 부담을 덜기 위해 시간을 쪼개기도 한다. 이런 자리에 취업을 준비하는 청년층과 은퇴한 고령층이 몰린다. 이것 역시 고용률을 조사할 때 포함되는 일자리다. 노후 대비가 안 된 상태로 은퇴한 베이비붐 세대가 단기 임시직에 적극적으로 뛰어드는 것도 고용 통계의 착시를 일으키는 요인이다. 60대 일자리는 큰 폭으로 증가하고 20대와 40대는 감소하는 이면에는 이런 현실이 존재한다. 그런데도 20대 고용률이 높게 나오는 이유는 통계 조사에 잡히지 않는 청년이 많기 때문이다.

이런 젊은이들이 급속히 늘어난 건 청년 일자리 실태가 그만큼 처참하다는 사실을 의미한다. 원하는 일자리는 없고, 있다고 한들 취업하기가 바늘구멍이라 아예 자포자기한 청년이 주변에 얼마나 많은가. 일자리를 찾고 있다는 말조차 하지 못하고 그냥 쉰다고 답하는 심정을 조금이라도 돌아봤다면 정부가 '청년 고용률 역대 최고'라는 자랑을 할 수 있었을까.

한국 청년들의 삶이 심히 고단한 것은 갈수록 좁아지는 취업 문 탓이 크다. 높은 물가에 학자금 대출 이자를 갚느라 가장 기초적인 생활비도 감당하기 힘든 젊은이들이 적지 않다. 정규직 일자리를 구하지 못해 아르바이트를 전전하고, 이나마도 구하지 못한 젊은이는 심각한 생활고에 시달린다. 더불어민주당 이강일 의원실은 2024년 9월 이런 단면을 엿볼 수 있는 자료를 내놨다. 금융감독원에서 제출받은 '최근 3년간 업권별 신용유의자 현황 자료'가 그것이다. 이에 따르면 생활비로 빌린 돈을 갚지 못해 신용유의자(신용불량자)로 전락한 20대가 최근 3년간 25%나 급증했다.

이 자료는 이제 막 사회생활을 시작한 청년들의 '빚 족쇄'가 윤석열 정부에서 크게 늘었다는 것을 말해준다. 2024년 7월 말 기준 한국신용정보원에 신용유의자로 등록된 20대는 중복 인원을 제외하고 6만 6000명에 육박했다. 2021년 말과 비교해 약 1만 4000명

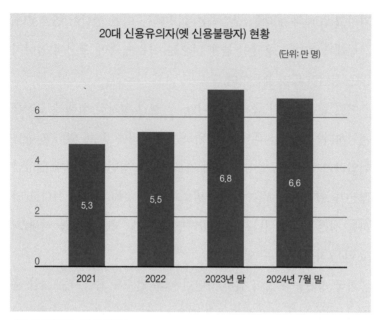

20대 신용유의자(옛 신용불량자) 현황

(단위: 만 명)

- 2021 : 5.3
- 2022 : 5.5
- 2023년 말 : 6.8
- 2024년 7월 말 : 6.6

자료: 금융감독원, 이강일 의원실

이 늘었다. 같은 기간 전체 신용유의자가 54만 8700여 명에서 59만 2500여 명으로 8%가량 늘어난 것을 감안하면 상대적으로 20대 신용유의자의 증가세가 얼마나 가파른지 알 수 있다. 이는 역대 어느 정부에서도 보지 못했던 상황이다.

금융권에서 돈을 빌린 사람이 6개월간 대출을 갚지 못하고 연체가 정해진 기간을 넘으면 신용정보원에 신용유의자로 등록된다. 신용유의자가 되면 신용카드 사용 정지와 대출 이용 제한, 신용등급 하락 등 금융 생활에 큰 불편을 겪게 된다.

청년들은 수백만 원을 갚지 못해 신용유의자가 되는 사례가 다른 나이대에 비해 많다. 신용평가사에 단기 연체 정보가 등록된 20대는 2024년 7월 기준으로 신용카드 대금 연체자를 빼고 7만 3000명을 넘었다. 이 중 연체 금액이 1000만 원 이하인 소액 채무자가 전체의 88.1%에 달한다. 이는 당장 쓸 생활비나 월세가 없어 신용유의자가 되는 청년들이 많다는 현실을 보여준다.

저성장이 지속되는 상황에서 20대 신규 일자리가 줄어들면서 청년들의 생계 어려움이 소액 연체라는 결과로 드러났다. 청년층 소액 연체를 채무조정 등 금융으로 해결하는 데 그치는 것이 아니라 일자리와 사회 정책 등 거시적 청년정책을 실행해야 한다.

이 자료를 공개한 이강일 의원실의 논평이다. 결국 청년층을 위한 좋은 일자리가 없다 보니 이런 비극이 되풀이되는 것이다. 윤석열 정부가 2025년 새해 벽두에 발표한 '2025년 경제정책방향'은 일자리 초토화 현실을 그대로 보여준다. 정부는 2025년 취업자 수가 12만 명 증가할 것으로 내다봤다. 2024년에도 취업자 수는 17만 명 증가하는 데 그쳤는데 이보다도 5만 명이나 적다. 그나마 이 목표도 최대로 높여 잡은 것이다. 2024년 초 정부는 취업자 수가 23만 명 늘어날 것이라고 발표했지만 실제 증가한 숫자는 이보다 6만 명이나 적었다.

윤석열 정부의 고용 성적표는 참담할 정도다. 코로나19 팬데믹을 겪은 문재인 정부와 비교해도 너무 저조하다. 코로나19가 덮쳤던 2020년 취업자 수는 21만 명 줄었으나 이듬해 곧바로 36만 9000명으로 회복됐다. 2022년에는 취업자 수가 81만 6000명에 달했다. 하지만 2023년부터 취업자 증가 폭은 계속 축소되기 시작했다. 2024년에는 수출이 역대 최대 실적을 기록하는 호재가 있었는데도 취업자 수는 예상치를 밑돌았다. 좋은 일자리를 만들기 위해서는 내수경기를 활성화해야 하는데 이런 책무를 나 몰라라 한 결과 고용 참사로 이어진 것이다.

일곱 번째. 중국과 러시아에 날린 외교 어퍼컷

섣부른 편중 외교의 패착

세계 자유무역의 파편화(블록화)로 몇몇 나라는 이익을 보겠지만 전 세계 대다수 국가를 패배자로 만들 것이다. 더 안전하고, 포용적이며, 지속 가능한 세계를 구축하기 위해서는 파편화를 멈추고 모든 나라가 자유롭게 교역하는 '재세계화'로 나가야 한다.

세계무역기구wto가 〈2023년 연례보고서〉에서 조 바이든 미국 행정부가 밀어붙였던 글로벌 공급망 재편을 강하게 비판한 대목이다. 수출로 먹고사는 한국은 WTO가 지향하는 자유무역을 지지해야 한다. 보수와 진보를 떠나 역대 정부는 모두 그랬다. 그게 정상이다.

하지만 윤석열 정부는 바이든 행정부의 동맹국 중심 파편화 통상 정책에 적극적으로 동조했다. 외교·안보와 통상 분야에서 대한민국을 '작은 미국'으로 전락시키려고 작정한 듯했다. 한국의 최대 수출국인 중국을 무시하고 미국만 추종하는 통상 정책은 자해와 다름 없다. 미국 우선주의에 근거한 공급망 재편 또는 파편화는 결국 중국을 포함한 세계시장에서 한국 기업들의 사업 기회를 빼앗는 파국으로 이어질 공산이 크다. 이런 측면에서 한국은 WTO의 경고를 공유하며 미국의 잘못된 통상 정책을 바로 잡기 위한 전략을 펼쳐야 했다.

미국과 중국의 패권 전쟁이 격화될수록 두 블록의 탈동조화 현상은 더욱 뚜렷해질 수밖에 없다. 문제는 그럴수록 자유무역이 후퇴한다는 점이다. WTO 보고서에 따르면 2022년 2월 러시아가 우크라이나를 침공한 이후 미국과 서방 국가 대 중국과 러시아 두 블록 간 무역 성장률은 동맹국 내부의 무역 성장률보다 4~6% 낮았다. 물론 이것만으로 '탈세계화'라고 단정하기에는 이르다. 미국과 중국의 교역 단절은 상상하기 힘든 일이다. 두 나라는 여전히 중요한 교역국 관계다.

블록 간 대결로 무역의 탈동조화가 심해지면 자유무역 시스템에서 작동했던 빈곤과 불평등 퇴치, 기후 위기 대응 등 세계가 당면한 문제 해결이 더 힘들어질 게 분명하다. 수십 년간 이어진 자유무역은 안보와 경제 위기를 극복하는 데 도움이 됐다. 예컨대 한 국가에서 특정 제품이나 자원의 공급부족이 발생하면 교역을 통해 문제를 해결할 수 있었다. 정치·외교적 갈등이 촉발되는 안보 위기 역시 자유무역이 활발하면 타협점을 찾기가 수월하다.

자유무역은 각국의 번영뿐 아니라 모든 국가의 빈곤과 불평등을 줄여주는 역할도 해왔다. 교역을 통해 개발도상국과 후진국이 부유해지는 효과는 이미 증명됐다. 자유무역과 빈곤의 상관관계를 보면 교역량이 증가할수록 모든 국가의 극단적인 빈곤율은 감소했다. 후진국이나 개발도상국은 선진국과 글로벌 공급망으로 연결되며 국가의 부가 증가하고 빈곤 퇴치에 쓸 재정적 여력이 생긴다. 수출을 통해 세계 10대 경제 대국으로 성장한 한국은 대표적인 성공 사례다.

파편화된 세계에서는 자유무역 시스템에서와 달리 국가 간 양극화가 심화될 가능성이 커진다. WTO의 시뮬레이션 결과 자유무역이 제한됐을 때 개발도상국과 후진국들은 GDP가 감소했다. 선진국과의 격차도 더 벌어지는 것으로 분석됐다. 특히 각국의 저임금 노동자와 소득 수준이 낮은 가계에 더 큰 피해를 준다. WTO 보고서는 "교역이 두 블록으로 분할되면 전 세계의 실질소득이 5%가량 감소할 것"이라며 "자유무역의 혜택을 받았던 개발도상국의 피해가 더 클 것"이라고 강조했다. 랄프 오사 WTO 수석이코노미스트는 보고서 작성 취지에 대해 이렇게 설명했다.

"지금 우리가 당면한 도전을 극복하려면 자유무역을 제한해서는 안 된다. 자유무역 복원을 통한 재세계화는 수많은 사람을 빈곤에서 구하고 생활수준을 높이는 강력한 수단이다."

IMF도 2023년 10월 WTO와 유사한 분석 보고서를 발표했다. IMF는 미국을 비롯한 서방이 중국에 대한 디리스킹(위험 제거)에 나서면 한국이 최대 피해자가 될 것이라고 단정했다. 윤석열 정부가 동맹을 중시하며 미국과 일본에 치우친 절름발이 외교에 전념하다가는 한국 경제가 심각하게 망가질 수 있다고 경고한 것이다. IMF가 자체 모델을 활용해 분석한 지역 경제 전망 보고서를 보면 미국을 비롯한 OECD 회원국과 중국이 동맹국 중심의 '프렌드쇼어링'에 나서면 한국의 GDP가 4% 가까이 줄어들 것으로 추산됐다. IMF가 가정한 프렌드쇼어링 상황은 중국과 OECD 회원국이 서로에 대한 의존도를 낮추기 위해 비관세 무역장벽을 강화하되 다른 국가와의 교역을 제한하지 않는 환경을 말한다. 비교적 낙관적 가정에 기반한 분석인 셈이다.

프렌드쇼어링 상황에서 세계 경제의 GDP 감소율은 1.8% 정도였다. 중국과 OECD를 제외한 나머지 국가들의 GDP 감소율은 0.2%에 불과했다. 이에 비해 중국은 중국산 제품에 대한 수요 감소와 공급망 변동에 따른 생산 비용 상승 등으로 GDP가 6.8% 줄어드는 것으로 예상됐다. 한국은 중국보다 타격을 덜 받겠지만 다른 국가보다는 상대적으로 피해가 클 것이 분명하다. 전체 무역에서 중국 의존도가 높기 때문이다. 중국과 OECD가 서로에게뿐만 아니라 모든 국가를 상대로 비관세 무역장벽을 강화하며 해외 진출한 자국 기업의 국내 복귀, 즉 '리쇼어링'를 추진하는 상황에서는 한국의 GDP 감소율이 중국보다 더 클 수 있다고 IMF는 분석했다. IMF가 가정한 리쇼어링 상황은 비관세 무역장벽 강화를 통해 OECD 회원국이 대외 구매 의존도를 3%p씩 낮추는 경우를 말한다.

전 세계가 리쇼어링으로 교역이 위축되면 중국의 GDP가 6.9%

감소하는 동안 한국의 GDP는 10%가량 줄어들 수도 있다고 IMF는 추산했다. 전체 경제에서 무역이 차지하는 비중이 높은 국가일수록 리쇼어링 피해가 클 수밖에 없기 때문이다. 동맹 중심의 공급망 재편 역시 비관세 장벽을 높이고 생산비용 상승 요인으로 작용하며 모든 국가에 피해를 준다는 게 IMF 보고서의 메시지다.

한국은행도 2024년 1월 같은 취지의 보고서를 내놨다. 미국과 중국의 패권 전쟁이 촉발한 공급망 재편과 러시아·우크라이나 전쟁, 이스라엘과 하마스 분쟁 등 대외 변수가 한국 경제에 독이 될 것이라는 내용이다. 특히 미국과 중국을 양대 축으로 한 글로벌 교역 분절화 현상이 극심해지면 한국의 수출이 최대 10% 감소할 수 있다고 경고했다. 공급망 분절화는 WTO 보고서의 파편화나 IMF의 프렌드쇼어링과 비슷한 개념이다. 세계가 두 진영으로 나뉘어 블록 간 무역장벽을 강화하고 블록 내에서도 보호무역 조치를 시행하는 것을 말한다.

중국을 배제한 공급망 재편은 한국 경제에 치명적인 게 분명한데도 윤석열 정부는 미국과 일본에만 매달리는 편중 외교를 펼쳤다. 추경호에 이어 기획재정부 장관 겸 경제부총리가 된 최상목은 2024년 4월 영국 《파이낸셜타임스》와 인터뷰하며 귀를 의심하게 만드는 발언을 쏟아냈다. 그는 12·3 내란 사태 중에도 대통령 권한대행직을 수행하며 윤석열 탄핵을 훼방하려고 한 인물이다.

"이제 중국은 한국 수출 기업에 도움이 되지 않는다. 중국은 경쟁

국일 뿐이다. 첨단 기술과 제조 분야에서 더 치열해질 중국과의 경쟁에 적응해야 한다."

중국 기업들의 기술과 산업이 발전하며 한국과 중국 기업이 경쟁 구도를 이루고 있는 건 부정할 수 없다. 중국 경제가 빠른 속도로 성장하며 한국과 대등한 수준에 올랐고 중국 내수 경기가 부진하면서 한국으로부터 수입이 감소하는 중이다. 대중 무역수지가 흑자에서 적자로 돌아서기도 했다. 대미 수출이 급증하며 2024년 대중-대미 수출과의 격차는 2003년 이후 21년 만에 가장 적었다.

하지만 중국은 결코 소홀할 수 없는 수출 시장이다. 한국의 최대 교역국은 여전히 중국이기 때문이다. 이게 엄연한 사실인데 한국의 경제수장이 외국 언론과 인터뷰하며 군이 중국을 자극하는 말을 꺼낸 이유가 궁금하다. 최상목은 2022년 6월 윤 대통령을 수행해 북대서양조약기구NATO를 방문했을 때도 우리 경제가 중국에서 탈피해야 한다는 발언으로 입길에 오르내렸다. 당시 대통령실 경제수석이었던 그는 "지난 20년간 우리가 누려 온 중국을 통한 수출 호황은 끝나간다. 대안적 시장이 필요한 때"라며 목소리를 높였다. 국익에 배치되는 무모하기 짝이 없는 탈 중국 선언이었다.

대미 수출이 늘고 대중 수출이 줄어드는 이유로는 한미 관계에 치중해 중국과의 외교에 소홀했던 영향도 무시할 수 없다. 미국과 중국이 패권 전쟁을 벌이는 상황에서는 균형 외교로 실리를 추구해야 하는데 미국에 치우쳐 있다 보니 한중 교역이 위축된 것이다. 탈 중국을 주장하는 이들은 수출 다변화의 필요성을 역설한다. 그러나 이는 단기간에 달성할 수 없는 목표다. 예컨대 중국을 대체할 시장으로 부상하는 동남아 국가(아세안)만 해도 수출이 극적으로 높아질 확률은 낮다. 중국과 비교하면 한국 제품과 서비스를 소비할 만한 시장이 형성돼 있지 않기 때문이다. 또한 높은 기술력이 필요한 중간재 분야에서도 경쟁력이 떨어진다. 언젠가는 아세안이 중국을 대체할 수는 있겠으나 시간이 걸릴 것이다.

미국과 유럽, 일본 등 우방국과는 이미 교역량이 상당하다. 추가로 늘릴 여지가 크지 않다. 이들 국가는 기술력이 우리보다 우위에 있는 산업이 많다. 미국과 중국이 패권 전쟁을 벌이는 와중에도 이들 국가는 중국에 대한 투자를 줄이거나 중단하지 않았다. 이는 중국 시장의 매력이 떨어지지 않았음을 의미한다. 미국의 강력한 견제에도 반도체와 바이오, 신소재, 정보통신 등 첨단 분야에서 중국에 대한 외국인 직접 투자액FDI은 오히려 늘었다. 한미 관계에 치중한 윤석열 정부가 반대로 간 셈이다.

배터리와 반도체 등 한국의 주력 산업에 필요한 핵심 소재를 중국이 사실상 독점하고 있는 현실도 '탈 중국'과 '중국과의 경쟁'을 섣불리 언급해서는 안 되는 이유다. 망간과 코발트, 리튬 등 배터리 소재의 대중국 의존도는 70~90%에 달한다. 소재 산업을 육성하려면 중국과의 협력이 필수적이다. 군이 중국을 자극해 한중 경제협력에 금이 가게 할 필요가 없는 것이다.

윤석열 정부의 편중 외교는 대중, 대러시아 교역을 위축시켰을 뿐만 아니라 두 나라에 진출한 한국 기업에도 큰 피해를 안겼다. 대중 적대 외교에 한국 제품에 대한 판매가 줄면서 삼성과 현대차, LG, 롯데 같은 한국 기업들은 사업 규모를 축소하거나 현지 사옥을 매각하는 등 자구책에 나섰다. 삼성전자는 스마트폰 공장을 중국에서 베트남과 인도로 이전했고 LG디스플레이는 광저우 액정표시장치LCD 공장을 현지 기업에 매각했다. 현대차와 기아차도 현지 공장들을 축소할 수밖에 없었다. 한때 중국에서 10%가 넘었던 시장점유율이 1%대로 떨어졌기 때문이다. 롯데는 2017년 사드(고고도미사일방어체계) 사태로 어려움을 겪었는데 윤석열 정부 들어 상황이 심각해지자 유통 부문 사업을 거의 철수시켰다. LG와 SK는 중국 사업이 내리막길을 걷자 사옥을 매각하는 결정을 내렸다.

한편 러시아에 진출한 한국 기업들은 한국이 우크라이나를 일방적으로 편드는 바람에 엄청난 피해를 입었다. 북방 외교의 한 축이던 러시아와 멀어지며 피해를 본 한국 기업은 한둘이 아니다. 예컨대 삼성중공업은 2024년 초 러시아 선주인 즈베즈다 조선소로부터 선박 계약 해지 통보를 받았다. 2019~2020년 즈베즈다 조선소와 러시아가 추진하는 액화천연가스LNG 개발 사업에 투입될 쇄빙운반선 15척과 셔틀탱커 7척의 건조 공정에 삼성중공업이 참여하기로 했는데 무산되고 만 것이다. 총 계약 금액이 42억 달러에 달하는 계약이었다. 이에 앞서 삼성중공업은 전쟁 발발 직후 현지 인력을 철수시켰다. 즈베즈다 조선소에 공급할 블록을 만들기 위해서는 세계시장에서 원료와 원자재를 조달해야 하는데 이들 품목 중 상당수가 대러시아 수출 금지 품목에 포함됐기 때문이다. 삼성중공업은 블록과 기자재를 공급할 수 없는 '불가항력' 조건이 생겼다며 즈베즈다 조선소 측에 통보하고 계약 이행 방안을 논의해왔다.

정몽구 회장 때부터 러시아 시장에 공을 들여 온 현대자동차도 한국과 러시아 관계 악화로 큰 피해를 봤다. 현대차는 2024년 초 러시아 상트페테르부르크에 있는 현지 공장을 포함한 러시아 법인 지분 100%를 러시아 업체인 아트파이낸스에 넘겼다. 지난 2010년 가동에 들어가 러시아 시장 공략을 위한 교두보 역할을 해온 상트페테르부르크 공장을 현대차는 단돈 14만 원에 팔았다. 러시아와 우크라이나 전쟁 후 가동이 중단되며 적자가 누적된 상황에서 내린 불가피한 결정이었다. 현대차와 기아차는 전쟁 직전 연간 40만 대에 육박하는 판매 실적으로 러시아 수입차 브랜드 선두를 달렸다.

윤석열 정부는 러시아 시장을 잃었으나 우크라이나 재건사업에서 우리 기업들이 이익을 얻을 것이라고 홍보했다. 하지만 현실성이 떨어지는 이야기다. 재건사업은 한국 정부가 우크라이나에 무상원조나 차관을 통해 자금을 제공하면 한국 기업이 수주하는 방식이 될 가능성이 크다. 미국과 유럽 기업들도 우크라이나 재건사업에 눈독을 들이고 있다. 재건사업에서 우리 기업들이 얼마나 실적을 올릴지는 누구도 알 수 없다.

러시아 시장이 현찰이라면 우크라이나 재건사업은 어음일 뿐이다. 윤석열 정부의 외교 헛발질로 러시아와 우크라이나 전쟁 발발 직전인 2021년 우리 전체 수출에서 1.55%를 차지했던 대러시아 수출 비중은 현재 0%로 수렴하고 있다. 중국과 러시아 시장을 포기한 대가를 앞으로 얼마나 더 치러야 할지는 가늠하기조차 어렵다. 윤석열 정부의 엇나간 통상 외교는 차기 정부와 한국 기업에 엄청난 숙제를 떠넘겼다.

4장

대한민국 경제의 병목, 재벌

재벌로 똘똘 뭉친
기득권 카르텔

코리아 디스카운트의 근본적 원인

한국이 '2030 세계박람회(엑스포)'의 부산 유치에 실패한 직후인 2023년 12월 7일 주요 신문의 1면 또는 경제면에는 한동안 입길에 오르내렸던 사진 한 장이 실렸다. 전날 윤석열 대통령이 2030년 엑스포 유치를 잔뜩 기대했다가 실망한 부산 시민들을 위로한답시고 부산 중구 깡통시장을 방문한 장면이다. 사진 속에는 기업 총수들이 윤 대통령과 함께 떡볶이를 먹으며 웃고 있었다. 이재용 삼성전자 회장을 비롯해 최재원 SK 수석부회장과 구광모 LG그룹 회장, 김동관 한화그룹 부회장, 조현준 효성그룹 회장, 정기선 HD현대 부회장 등이 대통령 뒤에 서 있었다.

곧바로 바쁜 기업 총수들을 좁은 시장통에 병풍처럼 세워 놓고 사진을 찍은 대통령에게 비판이 쏟아졌다. 나는 이 장면을 보고 묘한 기시감이 들었다. 서로 다른 시간대에 대통령을 했던 두 사람의 운명이 유사한 패턴의 평행이론처럼 펼쳐지는 것 같았다. 놀랍게도 이 예감은 적중했다. 윤석열과 마찬가지로 박근혜 전 대통령도 탄핵당하기 전인 2016년 3월 10일 대구 창조경제혁신센터를 방문했다. 이때도 이재용 회장이 박 전 대통령과 동행하며 여러 장의 사진을 남겼다. 그 후 박근혜 정부의 국정농단 사건을 수사한 윤석열은 박 전 대통령과 이 회장 관계를 '정경유착'으로 규정했다. 정권과 자본 권력이 부도덕하고 부적절하게 밀착했다며 유죄로 몰았다.

아이러니하게도 그로부터 7년 후 이번에는 윤석열이 박 전 대통령의 자리에 섰다. 특별검사 시절 박근혜 정부의 정경유착을 단죄했던 윤석열은 툭하면 재벌기업 총수들을 동원했다. 많은 이들이 그 모습을 보고 박근혜 정부를 연상했다. 해외 주요국을 순방할 때마다 경제사절단이라는 이름으로 대기업 총수들을 동원하는 모양새도 비슷했다. 이는 시대착오적 행태다. 1970년대 정부 주도의 경제개발 시대로 회귀한 듯한 인상을 주기 때문이다.

최고 정치 권력자가 재벌기업 총수들을 병풍처럼 세우고 찍은 사진은 한국 사회의 기득권 카르텔이 여전히 바뀌지 않았다는 불편한 진실을 새삼 상기시킨다. 카르텔에 속한 대다수 국내 주류 언론은 모른 척했으나 이를 제대로 포착한 해외 매체가 있다. 미국의《뉴욕타임스》다. 이 신문은 2023년 12월 18일 '한국 경제를 지배하는 재벌가에 관해 알아야 할 것'이라는 제목의 기획 기사를 실었다.

《시민언론 민들레》의 이유 에디터는 기사의 핵심을 짚어가며 그 내용을 자세하게 전했다. 한국 전쟁 이후 지속된 고질적 정경유착이 지금도 사라지지 않았고, 여전히 한국 사회를 지배하고 있다는 게 요지다.

1953년 한국 전쟁이 끝나고 한국의 독재자들은 한 줌의 가족기업을 낙점해 특별차관과 재정 지원을 해주며 경제 재건 임무를 맡겼다. 그 기업들은 빠르게 확장하고, 이 산업에서 저 산업으로 옮겨 다니며 마침내 문어발식 재벌로 형태를 바꾸었다. 한국 재벌가들은 정치 권력자들과 친밀한 관계를 맺어 왔다. 정치지도자들의 뒷받침은 재벌기업들이 제조업 복합기업으로 성장하는 데 결정적이었다.

지난 수십 년간 한국 경제는 한 줌의 가족경영 재벌들에 지배돼왔다. 이들은 막대한 부와 영향력을 갖고 한국인의 삶 거의 모든 측면에 파고들고 있다. 이들 재벌기업은 가전은 물론이고 병원에서 생명보험, 아파트 건설, 신용카드와 소매, 식품, 엔터테인먼트, 미디어에 이르기까지 한국인의 삶에 침투해 있다. 군사쿠데타로 집권한 박정희 정권하에서 '협조적인' 기업들에 편파적으로 재정 지원을 해주고, 독과점을 허용하고, 공적 책임도 묻지 않았다. 정부와 기업 간 긴밀한 관계는 최근 수십 년 줄어들긴 했지만, 정치지도자들은 여전히 빈번하게 재벌에게 기대며 지원을 요구하고 있다.

재벌기업들은 줄곧 정치적 부패 사건들에 연루됐다. 정치지도자들과 가족경영 재벌들 간의 긴밀한 관계를 드러냈다. 경제적 취약성과 불평등 심화, 부패의 증가 등으로 그들은 한국의 안과 밖에서 점점 더 면밀한 조사 대상이 되고 있다.

우리로서는 새로울 것이 없는 내용이다. 절대 자원이 부족한 시기에는 국가의 모든 역량을 집중하는 게 효과가 있었다. '개발독재'가 경제 발전의 속도를 높인 측면을 부정할 수는 없다. 하지만 그 과정에서 국가의 재원이 재벌 가족에 집중되고 정경유착으로 부정부패가 만연하는 치명적 허점이 드러났다. 무엇보다 돈과 인재가 몰린 재벌기업을 중심으로 거대한 기득권 카르텔이 형성됐다. 자본주의 사회에서 돈은 곧 권력이다. 정권은 바뀌어도 재벌기업을 지배하는 가족은 바뀌지 않는다.

영속적이면서 절대적인 권력을 가진 재벌 가족은 한국 사회의 실질적인 주인 행세를 하고 있다. 노골적인 정경유착은 사라졌으나 여전히 정치인들은 경제 정책을 추진할 때 재벌에 도움을 요청한다. 그럴 수밖에 없기 때문이다. 재벌 가족이 지배하는 기업들의 매출을 다 합치면 GDP의 절반을 넘는다. 삼성이 망하면 한국 경제가 무너진다는 말은 과장이 아니다. 재벌의 협조가 있어야 투자와 일자리를 늘릴 수 있다. 진보 정권들이 처음에 '재벌 개혁'을 추진하다 용두사미가 되는 것은 이런 현실적 역학관계 때문이다.

재벌 가족들은 기득권을 유지하기 위해 곳곳에 우군을 심어놓고 호의적 여론을 형성하기 위한 시스템을 구축했다. 그들이 사용하는 절대무기는 '돈'이다. '합법적'인 정치 후원금은 물론 한국 사회를 움직이는 세력들을 집요하게 포섭한다. 이해관계와 관행 등 카르텔의 구현 방식은 매우 다양하다. '사회적 책임'을 내세운 선행과 선의로 포장하기도 한다. 수십 년 동안 이런 작업이 지속된 결과 우리는 이제 재벌 체제에 익숙해져버렸다. 그러는 사이 재벌 가족은 기득권 카르텔의 맨 꼭대기에 앉아 한국 사회를 좌지우지하고 있다.

이들은 계열사 사외이사나 감사, 고문 등 '좋은 자리'를 제공하는 방식으로 유력 정치인과 퇴직 관료를 관리한다. 검찰 공화국을 만든 윤석열 정부 들어서도 재벌은 기득권을 강화하려고 민첩하게 움직여 사외이사들을 검찰 출신으로 채웠다. 기업분석연구소 리더스인덱스가 윤석열 정부 출범 이후 30대 그룹 계열사 사외이사의 출신 이력과 역량을 분석한 결과 검찰 출신 비중 증가세가 뚜렷하게 나타났다. 사외이사 중 관료 출신은 2023년 201명(전체 대비 24.3%)에서 2024년 229명(27.3%)으로 늘었다. 전직 관료 가운데 검찰 출신 사외이사가 가장 많다. 그리고 검찰 출신 사외이사 10명 중 8명은 윤석열 정부 들어 임명됐다. 이것만 봐도 재벌기업이 얼마나 재빠르게 대응하는지 짐작할 수 있다.

제도와 정책을 자신들에게 유리하게 만들려는 차원에서 전직 관료와 정치인 영입을 서둘렀다면 언론 포섭은 호의적 여론을 조성하기 위해서다. 재벌이 언론을 수하로 두는 것은 어렵지 않다. 대다수 언론은 사기업이고 주요 수익원이 광고이기 때문이다.《조선일보》와《동아일보》,《중앙일보》등 주요 신문은 대기업이 광고를 끊으면 생존하기 어렵다. 종합편성채널 등 민영 방송도 마찬가지다. 정부와 정치권을 비판하는 기사는 쓸 수 있어도 재벌 가족들을 공격하는 보도는 대부분 언론사나 기자의 자기 검열로 차단되기 일쑤다. 재벌 가족이 명백하게 잘못한 데다 국민에게 널리 알려진 사건이라도 대개의 주류 언론은 좀처럼 다루지 않는다.

간혹 재벌가의 치부를 드러내는 기사가 나가기도 하는데, 이럴 때 언론사 내부는 난리가 난다. 해당 기업 홍보실장은 언론사 대표를 비롯한 경영진에게 기사 삭제 또는 정정 부탁과 광고를 끊을 수도 있다는 협박까지 모두 담은 항의성 전화를 건다. 경영진은 편집국장에, 편집국장은 담당부장에게, 담당부장은 기사를 쓴 기자에게 기업의 요구를 전달한다. 십중팔구 해당 기사는 사라지거나 내용이 대폭 수정된다. 심지어는 기사를 쓴 기자가 부서를 옮기거나 사표를 내는 일도 있다. 언론사는 재벌에게 고양이 앞에 쥐와 다름없다. 자신의 목줄을 쥐고 있는 최대 광고주의 눈치를 볼 수밖에 없는 것이다. 결국 한국의 주류 언론은 재벌을 중심으로 구축된 기득권 카르텔의 일원이자 사수대로 전락하고 말았다.

하지만 재벌을 가장 앞서서 대변하고 재벌가의 기득권을 더욱 공고하게 만드는 곳은 경제단체다. 과거 정경유착에 앞장섰던 '전국경제인연합회(전경련)'에서 이름만 바꾼 '한국경제인협회'를 포함한 8개 경제단체는 2024년 10월 기업의 지배구조를 개혁하는 입법에 반대하는 성명을 발표한 적이 있다. 정치권과 증권가에서 관련 논의가 한창 진행되던 시기였다. 공동성명에는 한국경제인협회 외에도 대한상공회의소와 한국경영자총협회, 한국무역협회, 중소기업중앙회, 한국상장회사협의회, 한국중견기업연합회, 코스닥협회가 이름을 올렸다. 이들이 반대하는 법안은 상법 개정안과 상장회사 지배구조법 제정안 등이었다. 이사의 충실의무 대상을 회사에서 일반주주로 확대하는 것과 감사위원 전원 분리선임, 집중투표제 의무화 등이 이들 법안의 주요 내용이다.

경제단체들은 기업 지배구조 개혁 법안이 경영의 자율성을 침해하고 글로벌 스탠더드에 역행한다고 목소리를 높인다. 또한 이사의 충실의무 대상을 확대하면 이사에 대한 배임죄 고발과 손해배상책임 소송이 남발될 소지가 커 혁신 사업 진출이나 대규모 투자를 막을 수 있다는 논리를 펼쳤다. 그러면서 반도체 산업의 사례를 들기도 한다. 삼성전자가 1983년 반도체 산업 진출 선언 이후 1987년까지 1000억 원대 누적 적자가 발생했을 때 이를 문제 삼아 주주들이 소송을 제기했다면 한국의 반도체 신화는 없었을 것이라는 이야기다. 선진국에서도 이사의 충실의무 확대를 포함한 기업 지배구조 규제는 거의 없다는 거짓말을 둘러대기도 했다.

하지만 경제단체들의 논리와 주장은 재벌 가족의 경영권을 보호하기 위한 것일 뿐 기업 가치를 올리거나 일반주주의 권익을 확대하는 쪽과는 거리가 멀다. 정부와 정치권이 이사의 충실의무를 일반주주로 확대하고 이사회의 전문성과 독립성을 강화하려는 이유는 코리아 디스카운트(한국증시 저평가)를 해소하기 위함이다. 이사의 충실의무 확대는 지배주주와 일반주주의 이해충돌이 생겼을 때 이사회 결정의 균형을 맞추기 위한 최소한의 장치. G20과 OECD 회원국도 대부분 일반주주에 대한 이사의 충실의무를 법률이나 판례로 명시하고 있다.

이사회의 독립성을 높이는 것도 같은 맥락이다. 재벌기업 계열사에는 총수와 직·간접적 인연이 있는 이들이 사외이사에 포진해 있다. 이런 태생적 구조 탓에 일반주주의 이익이 현저하게 침해되는데도 재벌 가족에 유리하게 의사결정이 이루어진다. 결국 이런 일이 반복되면서 코리아 디스카운트 현상이 나타난 것이다. 이사의 충실의무 대상을 회사에서 일반주주로 확대하는 상법 개정은 이를 시정하기 위한 첫발이자 코리아 디스카운트를 해소하는 이정표가 될 상징적 조치라는 게 재벌과 이해관계가 없는 전문가들의 의견이다.

그런데도 경제단체는 사실을 왜곡하고 억지 논리와 공포 마케팅으로 상법 개정을 반대하고 있다. 그것도 직접 성명을 발표하는 방식이 아니라 전문가의 보고서 형식으로 교묘하게 여론전을 펼친다. 정경유착을 주도하며 재벌 가족의 이익을 챙기고 '전문가 의견'이라고 거짓 주장을 일삼던 못된 습성을 버리지 못하는 것이다.

이사의 충실의무 확대와 이사회 독립성이 필요한 이유는 차고 넘친다. 2020년 LG화학의 LG에너지솔루션 물적 분할이 대표적이다. 배터리 사업에 대한 기대로 주가가 크게 올랐던 LG화학은 알짜 사업의 '쪼개기 상장'을 감행했다. 그래서 탄생한 신생 기업이 LG에너지솔루션이다. 이 과정에서 지배주주인 LG그룹 총수 일가는 이익을 챙겼으나 일반주주들은 큰 피해를 입었다. 이 사건 이후 지배주주만의 이익을 위한 이사회 결정을 견제할 수단이 필요하다는 목소리가 높아졌다.

주주에 대한 충실의무가 강제되면 이사들이 혁신과 성장에 필요한 모험적 투자를 꺼릴 것이라는 경제단체의 주장도 과장된 것이다. 충실의무는 모든 사안에 적용되는 게 아니다. 경제개혁연구소에 따르면 충실의무란 총수 일가나 경영자의 사적 이익이 일반주주의 이익과 충돌하는 사안에만 적용된다. 투자나 기업 인수로 주주들이 손해를 보더라도 애초에 이사들이 '주의의무'를 다했다면 손해배상책임이 없다. 주의의무와 충실의무를 혼동해서는 안 된다.

이사에 대한 소송이 남발할 것이라는 주장도 기우에 불과하다. 충실의무는 주주 한 명 한 명이 아닌 '전체'에 대한 것이다. 주주에 대한 충실의무가 도입돼도 이사회와 경영진은 '선관주의 의무'에 따라 '회사'의 이익을 위해 최선을 다하여 경영하면 그만이다. 그것이 곧 모든 주주의 이익이 될 것이기 때문이다.

결국 지배주주와 일반주주 사이에 유불리가 다를 때만 충실의무가 적용된다는 말이다. 계열사 간 합병과 기업 분할, 내부거래 등 주주에 대한 충실의무가 적용되는 사안은 많지 않다. 이런 사안을 진행했을 때 혹시라도 일부 주주가 피해를 보면 그것에 대해서만 적절하게 보상하면 된다. 소송 남발의 여지가 많지 않다는 뜻이다. 그러므로 이사에 대한 소송이 남발될 것이라는 주장은 상법 개정을 막기 위한 '공포 마케팅'에 가깝다.

경제단체들은 재벌 가족의 최대 관심사인 상속세 완화에도 발 벗고 나서고 있다. 상속세의 불합리한 부분을 침소봉대해 공격하는 방식으로, 어떻게든 재벌 가족의 세금 부담을 줄이려고 정치권과 정부에 로비와 여론전을 펼친다. 이들 단체는 상속세가 중산층 세금이라는 허위 사실 유포도 서슴지 않는다. 상속세는 전체 인구 중에 극소수만 낸다.

대한상공회의소는 〈상속세 개편이 필요한 5가지 이유〉라는 보고서를 발표했다. 정부가 국회에 제출한 상속세 개정안 통과를 촉구하는 근거를 제시하겠다는 취지에서다. 대한상공회의소가 첫 번째로 꼽은 상속세 개편 이유는 최대 주주에 대한 상속세율이 과도하다는 것이다. 상속 재산이 주식일 때 최대 주주는 최고세율 50%에 20% 할증평가가 적용된다. 실제 상속세율이 60%인 셈이다. 기업을 상속하면 피상속인은 상속세를 내기 위해 주식을 팔아야 하고 그렇게 되면 지분이 40%로 감소해 외부 세력의 경영권 탈취 또는 기업을 포기하는 사례가 발생한다는 주장이다. 하지만 이는 전제부터 잘못됐다.

족벌로 경영권을 승계해야 기업이 영속할 수 있다는 건 편견이다. 상속 과정에서 총수 일가의 지분이 줄면 이사회 중심의 전문경영인체제로 기업지배구조를 전환하면 된다. 미국과 유럽 등 자본 선진국에서는 이런 기업이 많다. 경영권이 3, 4세로 넘어가면서 오히려 기업 경쟁력이 떨어지는 경우도 적지 않다. 이런 측면에서 상속세가 기업의 계속성을 저해한다는 주장은 설득력이 약하다.

대한상의는 두 번째 이유로 승계를 준비하는 경영인이 상속세 재원 마련 때문에 기업의 혁신과 성장을 위한 도전적인 투자에 나서기가 어렵고, 이런 투자 약화가 일자리 상실과 소비 위축을 초래하게 된다는 점을 들었다. 상속세가 기업가치를 떨어뜨리는 원인이 된다는 것이다. 더 나아가 인재와 국부 유출도 상속세 탓이라고 한다. 논리적 비약과 억지가 뒤섞인 주장이 아닐 수 없다. 상속세는 피상속인의 개인 사정이다. 상속세 재원을 기업 투자와 연결하는 것 자체가 말이 안 된다. 상속세를 내면 기업 투자가 감소한다는 주장은 근거가 빈약하다. 일자리 상실과 소비 위축, 인재와 국부 유출로 이어질 것이라는 논리 전개는 '과도한 상속세=기업 투자 감소'라는 전제 자체가 성립하지 않기 때문에 의미 없는 주장이다.

대한상의가 제시한 세 번째 이유는 한국의 상속세는 글로벌 표준과 괴리됐다는 것이다. OECD 38개국 중 상속세가 있는 나라는 24개국이고, 상속세가 없거나 자본이득세 등으로 전환한 나라는 14개국이며, 상속세 있는 국가의 평균 최고세율은 26%라는 것이다. 그러나 한국의 상속세 실효세율(실제 조세부담률)을 보면 특별히 과하지 않다는 사실을 확인할 수 있다. 나라살림연구소에 따르면 2023년 기준 상속세 과세 가액 대비 실효세율은 23.1%였다. 최상위 1% 피상속인의 경우 실효세율이 10% 내외였고 범위를 상위 2%로 넓히면 실효세율은 7%대에 불과하다. 법정 최고세율 50%와는 상당한 격차가 난다.

대한상의는 이중과세와 탈세 유인을 각각 네 번째와 다섯 번째 이유로 꼽았다. 이중과세는 소득세 납부 재산에 상속세를 다시 부과한다는 측면에서 거론한 것이다. 물론 상속 재산만 보면 이중과세라고 할 수 있겠으나 상속인의 불로소득에 과세한다는 점도 고려해야 한다.

상속세를 감당하기 힘들어 절세와 탈세를 부추긴다는 것도 지나친 주장이다. 상속세율은 소득세와 재산세를 비롯해 관련 세금 체계를 종합적으로 고려한 뒤 적정성을 판단해야 한다. 세율이 높다는 사실만으로 탈세를 합리화하는 건 억지에 가깝다.

경제단체를 비롯한 재벌가 편에 선 진영이 부자 감세를 부르짖는 것과 달리 선진국에서는 자산가들이 직접 나서 '부자 증세'를 촉구하는 흐름이 대세다. 부와 소득 불평등이 경제성장의 걸림돌이 되고 있기 때문이다. 2024년 1월 스위스 다보스에서 열린 세계경제포럼에서는 전 세계 초고액 자산가 수백 명이 각국 정치지도자에게 부자 증세를 요구한 공개서한을 발표하기도 했다. 공개서한의 요지는 이렇다.

우리는 가장 많은 혜택을 받은 사람들이다. 그런데 전 세계적으로 불평등은 위기의 임계점에 이르렀고 경제와 사회, 생태적 안정에 대한 위험은 갈수록 심각해진다. 지금은 행동이 필요한 때다. 우리는 지난 3년 동안 각국 정치인을 향해 간단한 질문을 던졌다. '막대한 부에 언제 세금을 부과할 것인가'라는 물음이다. 하지만 이에 대한 답이 없어 놀랐다.

한국 재벌 가족의 퇴행적 행태는 '코리아 디스카운트'를 유발하는 근본적 원인이다. 이를 극복하는 방법은 재벌기업의 지배구조를 개선하는 것이다. 부자 증세도 같은 선상에서 생각해볼 수 있는 과제다. 하지만 재벌가는 기득권 사수를 위해 지금도 한국 사회가 앞으로 나아가는 길목을 차단하고 있다. 이들이 굳건하게 구축한 기득권 카르텔의 '병목'을 제거하지 않으면 한국 경제의 미래는 없다.

재벌 3, 4세 승계 이후
거버넌스 위기
능력 검증이 생략된 승계 시스템의 필연적 결과

대기업 총수를 아버지로 둔 L은 미국에서 대학을 졸업하고 현지 컨설팅 회사에서 일하다 29세에 할아버지가 창립한 그룹의 계열사에 입사했다. 영업과 구매 부서를 거쳐 기획실로 자리를 옮기면서 그는 임원으로 승진했다. 아직 40세도 안 된 나이였으나 할아버지가 세우고 아버지가 키운 회사에서의 쾌속 승진은 예정된 일이었다. 주변에서도 당연한 순서로 생각했다. 그는 상무와 전무를 거쳐 부회장 자리에 올랐다.

10년 남짓한 기간에 이룬 눈부신 성공 이야기다. L에게 그럴 만한 능력이 있는지, 기업의 실적과 성장에 얼마나 보탬이 됐는지는 정확히 알 수 없다. 사실 그것은 중요하지 않다. 집안의 적장자라는 자격만으로도 부회장을 거쳐 회장의 자리에 오르기에 충분하다. 40대에 부회장 자리에 오른 그는 할아버지와 아버지가 증여한 주식에 대한 배당과 고액 연봉으로 풍요롭게 생활하고 있다.

수출이 예전만 못하고 국내 실적도 하향 곡선을 그리고 있으나 걱정 없다. 그룹 사정이 어려워지면 정부가 지원할 것이기 때문이다. 할아버지와 아버지도 외환위기와 금융위기를 겪으며 그룹이 위기에 처했을 때마다 각종 명목으로 정책자금을 받지 않았나. 대마불사라고, 우리 그룹이 무너지면 한국 경제도 힘들어진다. 부실 경영에 책임지라고 하면 잠시 물러났다가 비난 여론이 잠잠해질 때 복귀하면 그만이다. 우리 가족 회사를 정부와 국민이 어떻게 하겠나. 가장 큰 걱정이라면 자식에게 그룹을 승계하는 것인데 이놈의 나라는 대기업 지분에 대해선 상속·증여세가 지나치게 많다. 할아버지와 아버지가 그랬던 것같이 어떻게든 자식에게 경영권을 넘길 때 세금을 최소화하는 묘책을 찾아봐야겠다.

재벌 3세 이야기를 가상으로 꾸며봤다. '사실'에 근거한 것이니 완전 '소설'이라고는 할 수 없다. 재벌기업에서 1, 2세는 창업 세대라고 할 수 있다. 창업자인 아버지 밑에서 아들은 기업을 일구는 초기 과정의 어려움을 보고 자란다. 경영 목표를 달성하기 위해 위험을 감수하고 때로는 무모한 도전도 해야 하는 '기업가정신'을 자연스럽게 배울 수 있다. 모든 재벌 2세가 다 그런 것은 아니지만 그럴 확률이 3, 4세보다 높은 것만은 분명하다.

그런데 창업자의 손자와 증손자로 갈수록 승진 속도가 빨라진다. 기업분석연구소 리더스인덱스가 2024년 하반기 기준 국내 자산순위 100대 그룹 총수 일가 중 경영에 참여하고 있는 이들의 승진 현황을 분석한 결과 3, 4세의 고위직 승진 속도가 2세보다 빠른 것으로 나타났다. 특히 임원에서 최고경영자인 부회장 또는 회장 자리에 오르는 기간이 단축되는 추세다.

임원에서 사장까지 승진하는 기간은 2세대가 3, 4세에 비해 1년 남짓 빨랐다. 2세대는 평균 8년 3개월 만에 사장 자리에 올랐고, 3세대 9년 9개월, 4세대는 9년 7개월이 걸렸다. 그런데 회장단에 입성하는 기간은 4세대가 가장 짧았다. 2세대는 부회장까지 평균 12년 3개월, 3세대는 12년 9개월이 걸린 데 비해 4세대 들어서는 10년 4개월로 대폭 줄었다. 부회장에서 회장까지의 승진 속도 역시 빨랐다. 2세와 3세가 임원에서 회장에 오르기까지는 각각 16년 5개월, 18년 7개월이 소요됐고, 4세는 12년 7개월로 앞 세대보다 승진 기간이 29.4% 줄었다. 그 결과 재벌기업 회장단 평균나이도 50대에서 40대로 낮아졌다. 2세와 3세가 회장직을 맡은 평균 나이는 50.5세였는데 4세대는 평균 46세에 불과하다.

재벌 3, 4세의 회장단 진입과 총수 등극 시기는 빨라졌으나 책임경영을 회피하려는 추세는 오히려 더 뚜렷해졌다. 경영에 참여하는 총수 일가의 등기임원 등재 비율이 세대가 갈수록 낮아진 것이다. 2세는 70%가 등기임원이었으나 3세는 46.2%로 비중이 크게 하락했고 4세대도 46.4%에 그쳤다. 절대군주에 버금가는 막강한 권한을 휘두르고 고액 연봉을 받으면서도 회사에 중대 재해가 발생하거나 잘못된 경영 판단으로 사업이 실패해도 책임지지 않는 재벌가의 실태가 통계 수치에 그대로 드러난 셈이다.

그런데도 재벌 3, 4세의 지분가치는 꾸준히 올라가고 있다. 기업

데이터연구소 CEO스코어에 따르면 2024년 지정 대기업집단 88 곳 중 동일인(총수)이 있는 78곳을 대상으로 조사한 결과 2024년 5 월 말 현재 재벌 가족의 지분가치는 155조 6000억 원이 넘었다. 2022년 말의 137조 원과 비교하면 14%가량 증가한 금액이다. 눈 길을 끄는 대목은 자녀 세대 지분가치가 더 빠른 속도로 늘고 있다 는 점이다. 부모 세대의 지분가치는 11.8%(약 8조 6000억 원) 늘어났 고 자녀 세대는 15.9%(약 10조 2000억 원) 증가했다. 그 결과 부모 세 대 지분가치 비중은 2022년 말 53.3%에서 1년 5개월 만에 52.4%로 0.9%p 줄어든 반면, 자녀 세대의 비중은 46.7%에서 47.6%로 늘었 다.

이렇듯 3, 4세들은 재벌이라는 대기업집단을 이끄는 주력 세대가 되고 있다. 하지만 이들 대다수는 경영 능력을 제대로 검증받지 않 고 총수 자리에 오른다. 미숙한 상태로 수십만 명의 임직원이 있는 대기업을 지휘한다. 이들은 창업 세대와 비교하면 경험이 일천할 수밖에 없다. 통상 기업은 한 세대가 지나면 어떤 식으로든 사업 기 반이 안정화된다. 그렇다 보니 3, 4세는 창업자나 2세에 비해 생존 위협이나 절박함을 덜 느끼게 마련이다. 외국의 유명 대학을 졸업 하고 외국계 회사에서 경력을 쌓아 이론적으로는 풍부한 경영 지식 을 갖췄을 수 있다. 그러나 산업 현장에는 경영 이론만으로는 해결 할 수 없는 일이 많다. 오랜 경험에서 나오는 직감과 촉으로 풀어야 할 문제가 수두룩하다. 특히 지금처럼 신기술 발전 속도가 빠르고 세계시장이 급변하는 상황에서는 현장 경험이 매우 중요하다. 미래의 기술 흐름을 정확히 판단해 사업을 재편하려면 안목과 통찰력, 신속한 판단력이 필수적이다.

이런 능력은 고위직에 오른다고 저절로 습득되는 게 아니다. 이 때문에 선진국 기업들은 최고경영자를 선택할 때 반드시 경험과 능력을 검증하지만 한국의 재벌기업은 그 과정이 생략됐다. 오직 핏줄만으로 절대 권한을 가진 총수로 임명되는 시스템으로는 경쟁이 치열한 세계시장에서 견디기 어렵다. 창업자의 가족 또는 후손이라는 이유만으로 경험과 능력도 부족한 3, 4세를 최고경영자에 앉히는 재벌 구조는 한국 경제의 퇴행을 초래한다. 더욱이 재벌 3, 4세 중에는 복잡한 금융 기법을 동원해 계열사를 붙이고 떼는 식으로 실속 없이 덩치만 키우거나, 일감 몰아주기 등 내부거래를 통해 사익편취를 감행하는 불법 행위도 서슴지 않는 이들이 적지 않다.

한국의 대표 기업 삼성전자의 최고경영자 이재용 회장을 보면 왜 이런 말이 나오는지 짐작할 수 있다. 그는 삼성그룹의 경영권을 승계하는 과정에서 수많은 논란을 빚은 재벌 3세다. 이 회장은 인공지능에 쓰이는 고대역폭 메모리HBM 반도체 기술을 먼저 개발하고서도 사업화하지 못했다. 그 결과 2024년 반도체 사업부의 영업이익이 SK하이닉스에 한참 미치지 못하는 굴욕을 당했다. 창사 이래 반도체 선두 자리를 굳건히 고수해 온 삼성전자가 시장의 변화를 읽지 못해 SK하이닉스에 1위를 빼앗긴 것이다.

적지 않은 이들이 이재용 회장의 경영 능력을 의심스럽게 본다. 우리나라 토종 의결권 자문사 서스틴베스트 류영재 대표도 그중 한 사람이다. 류 대표는 2024년 11월 《시민언론 민들레》와 인터뷰하며 이 회장을 이렇게 평가했다.

이재용 회장은 (중요한 사안에 대해) 결정을 잘못 내리고 안 내린다. 감사실 출신의 재무통인 정현호 사업지원 팀장(부회장)이 회사의 중요한 문제를 주로 결정한다는 건 너무 잘 알려진 이야기다. 재무 분야에서 신사업이나 투자와 관련해 결정하다 보니 아무래도 기술적 이해도가 떨어지고 첨단 제품 시장의 흐름을 읽지 못한다. 엔지니어들이 뭘 하려고 하면 무조건 쉽게 설명하고 보고서를 써오라고 한다. 투자수익률ROI 같은 재무적 관점에서 판단한다. 어떤 신사업 계획이나 신기술 투자 건을 보고하면 외국에 전례가 있었느냐 물어보고 그렇지 않으면 진행할 수 없다는 말이 나온다. 그렇다 보니 혁신의 엔진은 꺼지고 그냥 무난한 기술이나 제품만을 내놓는다. 대표적 사례가 HBM인데 HBM 개발을 주장했던 사람들은 이런 의사결정이 답답해서 SK하이닉스로 갔다. 나머지 사람들도 입 다물고 있다. 그래서 정말 중요한 투자 시기를 놓치게 된 것이다.

이 회장의 사촌 형제인 정용진 신세계그룹 회장 역시 다를 바 없다. 그가 그룹을 맡은 뒤 주력 계열사인 이마트의 경영 상태는 급속히 나빠졌다. 기업 의사결정 시스템 개선을 목표로 출범한 한국 거버넌스포럼(포럼)은 2025년 1월 15일 정용진 회장의 경영 실패와 무책임을 강도 높게 비판하는 논평을 내놨다. 정 회장이 어머니 이명희 총괄회장이 보유한 이마트 지분 10%를 매수한다는 발표에 대한 의견이었는데, 포럼이 재벌 총수를 겨냥해 비판의 목소리를 높인 건 이례적이었다. 정 회장의 이마트 지분율이 19%에서 29%로 증가하는 만큼, 제대로 경영해야 한다는 경고 차원으로 해석할 수 있다.

정 회장이 보여준 행태와 이마트 실적을 보면 포럼이 왜 작심 비판했는지 짐작할 수 있다. 2023년 3월 8일 그가 취임한 이후 이마트의 기업가치는 떨어지고 부채가 큰 폭으로 증가했다. 거버넌스포럼에 따르면 이마트 주가는 정 회장 취임 후 9% 하락했고, 순차입금은 9개월 새 1조 원이 증가해 12조 원을 돌파했다. 총 차입금 14조 2000억 원에서 현금과 현금성 자산 2조 1000억 원을 빼면 순차입금은 무려 12조 1000억 원에 달한다. 포럼은 "시가총액 대비 순차입금이 7배인 재무 상태는 비정상적이며 지속할 수 없다"라며 "시장은 이마트 재무 상태와 현금흐름을 매우 걱정하고 있다"라고 지적했다.

정 회장의 방만 경영과 차입에 의존한 수많은 M&A 실패, 미래 사업 전략 부재 등으로 이마트의 일반 주주들은 많은 경제적 손실을 입었다. 정 회장은 미국 와이너리 등 본업과 무관한 사업을 인수한 적도 많았고, 스타벅스커피코리아같이 성급하게 고가에 인수한 사례도 있다. 와이너리는 개인적 취미나 기호에 따른 인수였으니 회사 자금이 아닌 개인 돈으로 해야 했다. 2020년 이후 5년간 이마트 주가는 46%나 폭락했다. 그런데도 정 회장은 상여금만 수억 원을 챙기는 등 이해할 수 없는 행태를 보였다.

그 외 재벌 3, 4세 중에는 이재용 회장과 정용진 회장만도 못한 이들이 수두룩하다. 이들에게 한국 경제를 맡기는 건 너무나 위험하다.

　이를 막으려면 기업 거버넌스를 개편해야 한다. 지배주주 이익만 챙기는 지금의 이사회 의사결정 구조를 바꿔 전문가들이 포진된 이사회가 독립적으로 주요 경영 사안을 판단할 수 있도록 해야 한다. 재벌 총수 일가가 일감 몰아주기 등을 통해 사익을 편취하고 꼼수로 경영권을 승계할 수 없도록 제도 정비도 필요하다. 한국 경제가 다시 도약하기 위해서는 족벌 경영을 청산할 재벌 개혁이 시급하다.

재벌기업 구조의 병폐,
혁신의 후퇴

기업가정신은 사라지고 불로소득에만 집중

엔비디아, 마이크로소프트, 애플, 테슬라, 구글, 아마존…….

인공지능을 비롯한 최첨단 기술을 주도하는 미국 기업들이다. 미국 증시에서 시가총액 1위 경쟁을 벌이는 곳이기도 하다. 미래 기술의 판도 역시 이들에 의해 바뀌고 있다. 그것을 가능하게 하는 저력은 새로운 것에 대한 끊임없는 도전과 뛰어난 기술력에 있다. 그래서 이들 기업을 한 단어로 규정할 때 가장 먼저 떠오르는 것도 '혁신'이다.

삼성과 SK, 현대차, LG, 롯데…….

그렇다면 한국의 재벌기업들을 나열할 때 연상되는 단어는 무엇일까. 여러 답변이 나올 수 있다. 다만 그중에서 '혁신'이라고 말하는 이들은 몇 명이나 될까? 오히려 기득권과 갑질, 가족경영 같은 부정적 단어가 먼저 떠오를 것이다. 한국이 세계 10대 경제 대국으로 성장하는 데 혁혁한 공을 세웠던 이들 대기업이 이 지경이 된 이유는 자명하다. 기득권 카르텔의 정점에서 단물만 빨다 보니 '기업가정신'이 후퇴했기 때문이다.

재벌 3, 4세로 갈수록 퇴행 속도는 더 빨라지고 있다. 재벌기업의 혁신 역량이 크게 떨어졌다는 증거는 곳곳에서 확인된다. 기업분석연구소 리더스인덱스는 2024년 11월 국내 매출 상위 500대 기업 중 비교가 가능한 286곳의 자기자본이익률ROE 변화를 분석한 보고서를 공개했다. 이들 기업의 연결기준 결산자료와 반기보고서를 바탕으로 코로나19 팬데믹 이후인 2021년부터 2024년 상반기까지의 변화를 추적한 자료다. 요점은 불과 3년 만에 ROE가 절반 수준으로 줄었다는 것이다. ROE는 기업이 자기자본(주주지분)을 활용해 1년간 얼마를 벌어들였는가를 판단하는 수익성 지표이자 기업가치를 보여주는 핵심 지표다. ROE의 급락은 코리아 디스카운트의 원인이기도 하다.

구체적인 수치를 보면 대기업들의 2021년 평균 ROE는 10.1%이었다. 하지만 3년 뒤인 2023년에는 5.2%로 반 토막 났다. 이 기간 이들 대기업의 평균 자기자본은 1906조 7185억 원에서 2222조 9174억 원으로 16.6% 증가했다. 반면 당기순이익은 192조 1555억 원에서 114조 8598억 원으로 40.2%가 감소했다. 신사업 진출이나 신기술 개발에 자본을 투입해 새로운 수익을 창출해야 하는데 대다수 기업이 그러지 못했다는 뜻이다. 주요국들이 통화정책을 긴축

기조로 전환하며 세계 경제가 좋지 않은 상황에서 재벌가의 경영 능력까지 떨어져 자기자본이익률이 큰 폭으로 하락한 것으로 해석된다.

능력을 검증받지 않은 3, 4세가 경영권을 승계한 이후 기업의 성장은 멈췄다. 창업 1, 2세와 비교할 때 이들은 실력뿐 아니라 절박함도 약하다. 그렇다 보니 현상 유지도 힘든 상황이다. 물론 ROE만으로 기업가치나 경쟁력을 평가할 수는 없다. 하지만 보유 자본의 효율적 활용이라는 점에서 ROE의 하락은 경영 능력이 부족하다는 사실을 방증한다. 재벌기업의 혁신이 사라지고 있음을 보여주는 또 다른 자료인 기업 데이터연구소 CEO스코어가 2024년 8월 공개한 〈국내 대기업 신규 사업 현황 보고서〉에 따르면 국내 500대 기업 중 절반 이상이 2018년 이후 5년간 신규 사업목적을 추가하지 않은 것으로 나타났다. 한국의 재벌기업을 대표하는 삼성전자는 최근 10년간 사업목적 추가가 단 1건도 없었다.

재벌기업이 새로운 사업에 진출하지 않는 나름의 사정 또한 있을 것이다. 세계 경기침체와 지정학적 위험, 공급망 재편, 내수 불황 등 대내외 불확실한 환경으로 신규 사업 기회를 찾지 못했을 수도 있다. 그러나 재벌기업이 포진한 국내 500대 기업 중 절반 이상이 5년간 신규 사업에 뛰어들지 않았다는 것은 심각한 문제다. 위험을 감수하는 도전정신, 새로운 부가가치를 창출하려는 기업가정신이 사라지고 있는 현실을 보여주기 때문이다.

동서고금을 막론하고 기업가정신이 투철한 기업은 대외 환경이 어려울 때일수록 큰 기회를 찾는 특징이 있다. 한국 재벌기업의 창업 세대는 정경유착의 흑역사가 있기는 하지만 기업가정신만은 투철했다. 이에 비해 재벌 3, 4세로 올수록 도전정신이 약해지는 경향이 두드러진다. 대기업의 신사업 진출이 뜸한 것은 경영권이 3, 4세로 승계된 것과 무관하지 않다. 도전정신과 혁신 성향을 되살리기 위한 차원에서도 재벌기업의 지배구조를 개혁할 필요가 있다. 단지 혈연만으로 경영권을 승계하는 전근대적 행태가 바뀌어야 한다는 뜻이다.

쉽게 돈을 벌려고 하는 재벌 3, 4세의 속성은 내부거래가 늘어나는 것에서도 확인할 수 있다. 리더스인덱스는 2024년 7월 공정거래위원회 자료를 바탕으로 총수가 있는 78개 대기업집단의 3116개 계열사의 내부거래 동향을 조사한 자료를 내놨다. 2023년 기준 이들 기업의 전체 매출액은 1902조 4242억 원이었는데 이 중 계열사 내부거래 금액은 33.9%인 644조 1206억 원에 달했다. 조사 대상 기업 중에 총수 가족이 지분을 보유한 계열사는 604개로 19.4%에 불과했으나 이들 계열사의 매출은 전체 매출의 절반 수준인 953조 1300억 원이었다. 이들의 내부거래 금액은 전체 매출의 37.6%를 차지했다. 이는 총수 가족 지분이 없는 계열사의 내부거래 비중보다 7.5%p 높은 것이다. 더 놀라운 사실은 총수 일가 지분율이 5% 이상인 계열사의 평균 내부거래 비중이 55%에 달했다는 점이다. 즉 총수 일가 지분율이 높을수록 내부거래 비중도 크다는 현실을 명확하게 보여주는 조사 결과다.

대기업 집단에서 오너일가가 지분을 보유한 계열사들의 내부거래 비중 현황

(단위: 억 원)

순위	기업명	전체 계열사				오너일가 지분 있는 계열사			
		전체 계열사 수	내부거래 비중	계열사 매출액	매출액 총계	계열사 수	내부거래 비중	계열사 매출액	매출액 총계
1	대방건설	42	42.5%	10,491	24,671	2	86.31%	10,490	12,154
2	넥슨	19	11.7%	4,948	42,416	2	84.13%	336	399
3	삼성	63	56.0%	2,011,303	3,589,158	6	66.47%	1,674,363	2,518,863
4	셀트리온	8	65.0%	18,354	28,248	5	65.14%	18,353	28,174
5	한국타이어	24	60.2%	25,033	41,614	14	61.09%	24,882	40,733
6	현대자동차	70	55.4%	1,578,987	2,852,337	16	59.15%	1,407,432	2,379,257
7	LG	60	31.0%	571,936	1,845,543	3	56.07%	34,442	61,433
8	HDC	35	19.0%	4,960	26,108	8	41.10%	3,083	7,500
9	중흥건설	53	8.5%	12,732	150,303	11	40.45%	9,198	22,742
10	세아	26	20.1%	18,676	93,141	7	39.15%	8,163	20,853
11	DN	8	40.7%	11,232	27,588	4	35.41%	3,052	8,619
12	HD현대	29	26.1%	184,346	706,180	4	35.19%	20,132	57,208
13	하이브	15	33.9%	7,277	21,468	1	33.93%	2,084	6,141
14	보성	65	23.3%	5,846	25,074	24	33.19%	5,831	17,567
15	호반건설	39	14.1%	11,508	81,627	4	31.97%	8,071	25,244
16	LX	17	16.1%	21,665	134,226	1	30.34%	298	984
17	중앙	54	28.1%	6,594	23,469	11	25.64%	2,116	8,254
18	SK	219	52.4%	1,052,767	2,009,307	10	23.73%	75,216	316,943
19	에코프로	23	16.8%	15,139	90,016	17	21.83%	10,391	47,597
20	HL	13	22.1%	14,601	65,941	4	20.30%	10,341	50,947
21	효성	57	17.8%	29,280	164,234	26	19.71%	28,326	143,713
22	다우키움	48	4.5%	761	16,725	6	18.56%	1,273	6,859
23	동원	26	15.1%	13,660	90,382	5	18.20%	7,762	42,642
24	소노인터내셔널	23	24.5%	3,314	13,519	10	17.70%	2,194	12,398
25	삼표	33	19.5%	5,392	27,676	11	15.93%	3,479	21,842
26	롯데	96	15.3%	102,578	670,934	17	15.78%	49,521	313,734
27	아모레퍼시픽	13	19.3%	6,425	33,250	3	15.06%	4,150	27,560
28	넷마블	35	17.8%	7,283	40,926	7	14.96%	1,386	9,267
29	오케이금융그룹	16	13.4%	3,537	26,399	8	14.47%	667	4,610
30	CJ	73	16.4%	51,146	311,741	10	13.83%	24,525	177,372
31-78	기타	1,814	10.9%	629,435	5,750,020	347	4.21%	132,314	3,139,692
TOTAL		3,116	33.9%	6,441,206	19,024,242	603	37.60%	3,583,872	9,531,300

출처 : 리더스인덱스, 전자공시시스템 대규모기업집단현황공시[연1회공시 및 1/4분기용(대표회사)]

재벌기업 내부거래의 실태는 공정거래위원회가 2024년 5월 조사관까지 파견해 파헤친 DB손해보험(DB손보) 사례를 통해 쉽게 이해할 수 있다. DB그룹(옛 동부그룹)의 지배구조는 DB손보가 여러 계열사를 거느리는 형태인데, 총수 일가가 지배하는 특정 계열사에 일감을 몰아주는 방식으로 사익편취를 했을 가능성이 의심됐다. DB그룹은 김준기 전 회장 등 총수 일가 지분이 40%가 넘는 계열사 'DB Inc'를 통해 DB 상표권을 출원했다. 2017년 그룹명을 'DB'로 교체했고 DB손보를 포함한 계열사들은 2018년부터 상표권 사용료를 DB Inc에 지급하고 있다. 문제는 다른 대기업과 비교해 사용료가 너무 많았다는 점이다. 당시 DB Inc가 상표권 사용료로 올린 수익은 1700억 원에 육박했다.

내부거래를 통해 총수 일가가 지배하는 계열사를 부당 지원하는 것은 DB그룹만의 문제는 아니다. 일감 몰아주기 같은 부당 내부거래는 총수 일가의 사익편취로 귀결되고 이는 경영권 승계의 징검다리 역할을 하곤 했다. 이 과정에서 일어나는 불공정거래 행위는 편법과 불법의 경계선을 넘나든다. 내부거래를 통한 총수 일가의 사익편취는 일반주주의 피해로 이어져 코리아 디스카운트의 또 다른 원인이 되기도 한다.

한편 삼성, SK, 현대자동차, LG, 롯데 등 재벌기업의 부동산 보유 현황은 혁신 동력이 떨어지는 또 다른 측면이다. 경제정의실천시민연합은 금융감독원의 전자공시시스템에서 검색되는 2007~2022년 사업보고서와 감사보고서, 공정거래위원회의 공시대상기업집단 총

자산과 매출 등 방대한 자료를 분석해 작성한 5대 재벌기업의 경제력 집중 현황을 2024년 2월 발표했다. 이들 재벌기업이 15년 만에 2배 이상으로 덩치가 커졌고 부동산 자산은 3배 가까이 증가했다는 게 요지다. 이는 막강한 자금력을 보유한 재벌기업이 혁신을 통해 경제에 활력을 불어넣기보다는 쉽게 돈을 벌 수 있는 부동산 투기에 매달렸다는 사실을 보여준다. 부동산 투자로 벌어들인 돈의 상당액은 총수 일가의 이익으로 돌아갔다. 재벌 가족은 말로는 혁신을 외치면서 실제로는 땅 짚고 헤엄치는 식으로 배를 불린 셈이다.

경실련 보고서에 따르면 5대 재벌기업의 2022년 기준 총자산은 1324조 8000억 원으로 GDP 대비 61%, 매출액은 973조 6000억 원으로 GDP 대비 45%에 달했다. 지난 2007년에는 총자산이 32%였고 매출은 36%였다. 15년간 경제력이 5대 재벌기업으로 얼마나 극심하게 집중됐는지 확인할 수 있는 수치다. 특히 부동산 자산이 늘어난 것에 눈에 띈다. 이들 기업의 토지자산 장부가액은 2007년 약 24조 2000억 원에서 2022년 71조 7000억 원으로 47조 5000억 원(2.96배) 증가했다.

5대 재벌기업은 재원과 네트워크, 권력을 총동원해 부동산 자산을 늘린다. 부동산으로 불로소득을 얻기 위해 그룹의 정보력과 자금 동원력을 활용했고 부동산 과세의 허점을 이용해 세금 특혜를 받기도 했다. 창업자로부터 경영권을 승계한 후대일수록 주력사업이 아닌 토지와 건물 등 부동산 투기를 통해 몸집을 불려왔다. 경실

련은 이 자료를 발표하며 5대 재벌기업의 이런 행태를 강하게 질타했다.

과거 우리나라 경제성장에 일정 부분 역할을 한 5대 재벌기업이 혁신을 통한 본연의 주력 산업의 경쟁력을 높여야 하는데도 자금력을 활용한 인수합병과 토지자산 증식을 통한 몸집 불리기만 해오고 있다. 재벌들이 과도하게 부동산을 보유하는 이유는 토지가격 상승으로 인한 불로소득 지대추구, 토지를 이용한 분양수익, 임대수익 등으로 생산 활동보다 손쉬운 이익이 발생하기 때문이다. 그러나 지속 가능한 성장을 위해서는 바람직하지 않다. 재벌의 경제력 집중이 더욱 심화하며 경제 양극화와 산업 양극화, 자산 양극화를 겪고 있다.

재벌기업들은 과감한 도전과 혁신이 필요한 신사업을 회피하고 부동산 투기와 내부거래로 덩치만 키우는 경영을 펼치고 있다. 이는 3, 4세가 경영권을 승계한 뒤 더욱 두드러지게 나타나고 있는 현상이다. 그 결과 지금은 재벌기업이 오히려 혁신과 경제성장의 장애 요인이 되었다. CNBC와 블룸버그 등 외국 경제 전문 매체들도 한국의 재벌기업 구조를 '코리아 디스카운트'의 핵심 원인으로 꼽았다. 한국이 저성장 늪에서 벗어나려면 경제 발전을 견인하는 기업들이 특정인이나 총수 일가 지배에서 벗어나 전문경영인과 독립적인 이사회가 주도하는 시스템으로 전환해야 한다는 지적이 끊이지 않는다.

역사가 긴 선진국 기업들은 한국의 재벌기업과 같은 족벌 경영 체제에서 벗어난 지 오래다. 이사회를 중심으로 전문가의 책임 경영이 자리 잡았다. 일부 창업 가문 출신 경영자가 있으나 이들 역시 능력을 충분히 검증받았거나 목표 설정과 의사 결정 과정에서 전문 경영인과 이사회의 의견을 듣는다. 한국처럼 오직 창업자의 혈족이라는 이유만으로 수만 명의 임직원이 종사하는 대기업 경영의 권한을 한 가족이 독점하는 나라는 없다. 권한만 독점할 뿐 책임을 지지 않는 이들이 경영하는 기업은 기득권 지키기에 급급할 수밖에 없다. 혁신에는 위험이 따르고 그 과정은 고단하기 때문이다. 재벌기업 체제를 깨뜨리지 못하는 한, 한국 경제는 '혁신의 무덤'에서 빠져나오기 어렵다.

재벌 개혁이
시급한 이유

한국 경제의 혁신과 성장을 위한 필수 관문

재벌 개혁은 '진부한 미래'다. 한국에서 진보 정권이 들어설 때마다 핵심 공약 또는 정책으로 내세웠으나 매번 용두사미가 되고 말았다. 오래전부터 언급돼왔고 너도나도 한마디씩 했다는 점에서 진부하고, 과거든 현재든 거의 아무것도 이루어진 게 없다는 의미에서 미래에 기대를 걸어야 하는 과제다. 문재인 정부도 마찬가지였다. 출범 직후에는 재벌 개혁의 기치를 높이 들었으나 그 성과는 보수 정권과 비교해도 오십보백보였다. 집권 3년차 2019년 5월 민주노총이 주최한 토론회에서는 혁신성장, 경제 활력 제고로 경제 정책을 전환한 것을 두고 "이명박·박근혜 정권으로의 회귀"라는 혹평이 나오기도 했다. 혁신성장이나 경제 활력 제고의 실제 내용은 재벌기업의 도움을 받아 일자리와 투자를 늘리겠다는 것이기 때문이다.

이는 재벌 체제가 한국 경제의 병목이라는 점에서 번지수와 방향을 완전히 잘못 잡은 정책이었다. 재벌 개혁을 주창했던 초심과도 거리가 멀었다. 재벌에 대한 어설픈 인식과 초심을 잃은 결과 문재인 정부는 재벌 개혁에 실패했다. 그러나 한편으로 모든 진보 정부가 성과를 내지 못했다는 점은 재벌 개혁이 그만큼 어렵다는 것을 의미한다. 2020년 코로나19 팬데믹이 발생하며 문재인 정부의 재벌 개혁은 사실상 물 건너갔다. 재벌의 힘을 빼려고 했던 시도들은 어정쩡한 상태로 중단됐다. 윤석열 정부 들어 경제 분야에서 거대한 퇴행이 일어나며 재벌 중심의 기득권 카르텔은 더욱 공고해졌다. 그 결과 사회 곳곳에서 불평등이 심화됐고 이로 인해 경제도 활력을 잃었다.

재벌기업 체제를 그대로 방치했을 때 어떤 일이 벌어질지는 몇 가지 사건만 봐도 알 수 있다. 두산그룹이 2024년 7월부터 추진했던 사업구조 재편은 일반주주와 투자자들의 손실은 아랑곳하지 않고 총수를 비롯해 창업자 가족의 이익만을 챙기려고 했던 시도였다. 3, 4세로 경영권이 승계되며 재벌가의 가족 지분이 희석되자 꼼수를 부려 지배력을 높이려 했던 것이다. 12·3 내란 사태로 관련 두산에너빌리티 주가가 급락하며 실패했지만, 기업가치를 높이고 자본시장을 선진화하기 위해서는 재벌가의 전횡을 막을 개혁이 필요하다는 교훈을 새삼 깨닫게 했다.

두산그룹이 처음 들고 나온 시나리오는 대략 이러하다. 두산에너빌리티를 인적 분할로 사업회사(존속법인)와 신설 투자법인으로 쪼갠다. 인적 분할은 회사를 분리한 뒤 신설법인의 주식을 기존 회사 주주들이 지분율대로 나눠 갖는 방식을 말한다. 신설법인은 비상장사로 두산밥캣 지분과 두산에너빌리티의 채무 일부를 넘겨받는다. 이렇게 쪼갠 신설법인을 두산로보틱스에 넘기는 식으로 합병한다. 이때 두산로보틱스는 두산에너빌리티 자회사였던 두산밥캣과 포괄적 주식교환을 통해 지분을 100% 소유한다. 여기서 주목해야 할 대목은 이런 사업구조 재편으로 재벌가 지분이 많은 ㈜두산의 지배력이 높아진다는 점이다. 반면 재벌 총수 일가의 두산로보틱스 지분은 68%에서 42%로 줄어든다.

즉 사업 전망이 불투명한 두산로보틱스 지분율을 낮추고 알짜 회사인 두산밥캣의 지배력을 키우는 사업구조 개편인 셈이다. 계열사 분할합병과 포괄적 주식교환이라는 '마법'이 총수 일가의 배를 불리는 것이다. 반면 두산에너빌리티와 두산밥캣의 일반주주는 '앉아서 코를 베이는' 피해를 본다. 두 회사의 기업가치가 하락하고 배당 수익도 줄어들 수 있기 때문이다.

주식교환 비율이 두산로보틱스에 지나치게 유리하게 결정됐다는 점은 특히 지탄받은 부분이다. 두산그룹이 처음 제시한 두산로보틱스와 두산밥캣의 주식교환 비율은 1대 0.63이다. 두산로보틱스는 2022년과 2023년 매출이 각각 450억 원과 530억 원, 영업손실은 각각 132억과 192억 원을 기록했다. 로봇산업이 유망하다고 하지만 아직은 적자 기업이다. 반면 두산밥캣은 2023년 매출이 10조 원에 육박했고 영업이익도 1조 3000억 원이 넘었다. 두산그룹의 캐시

카우(돈줄) 역할을 하는 계열사라고 할 수 있다. 그런데도 두산로보틱스의 기업가치를 더 높게 평가한 것은 그런 방식이 재벌 가족에게 유리하다는 이유 말고는 없다.

두산그룹의 무리한 사업구조 재편 시도는 기시감을 불러일으켰다. 2015년 제일모직과 삼성물산이 1대 0.35의 비율로 합병한 것도 그렇고, 2022년 상장법인인 동원산업과 비상장법인인 동원엔터프라이즈의 합병도 똑같은 논란을 불러일으켰다. 재벌가의 이익만을 위해 총수 일가 지분이 많은 회사 가치를 부풀리고 알짜 계열사의 가치를 낮게 평가했다. 그래야 그룹 전체에 대한 지배력을 유지하며 3, 4세로 경영권을 승계할 수 있기 때문이다. 재벌가의 이런 폭주는 분할합병과 포괄적 주식교환 등 지배주주와 일반주주 간 이해충돌의 소지가 있는 주요 안건에서 지배주주의 의결권행사를 제한하는 '소액주주 과반결의제'를 도입해야 한다는 주장에 힘을 실어준다. 경제개혁연대는 "최대 주주의 의결권행사를 그의 특수관계인 등과 합산하여 3% 이내로 제한하는 제도가 도입되었다면 두산의 사업구조 개편은 애초에 추진되지 않았을 것"이라고 주장했다.

40년 가까이 공동 경영을 해온 영풍과 고려아연의 분쟁은 3, 4세로 경영권이 넘어갔을 때 재벌기업에서 무슨 일이 벌어지는지 생생하게 보여주는 사례다. 고려아연 경영권 분쟁은 지분을 비슷하게 보유한 양대 주주가 기업 운영에 대한 견해 차이로 촉발된 것으로 보인다. 그러나 근본 원인은 이것 역시 재벌기업의 지배구조에 있다. 경영권이 3, 4세로 넘어오면서 지분이 희석됐는데도 어떻게든 경영권을 유지하려는 과정에서 발생한 것이기 때문이다. 경영권 분쟁이 수면 위로 드러난 2024년 9월 고려아연의 지분 구조는 공동 창업자인 장병희, 최기호 일가와 이들의 우호 세력이 거의 절반씩 나눠 보유하고 있다. 구체적으로는 영풍의 2세 경영자인 장형진 고문과 우호 지분은 33.1%, 고려아연 3세 경영자인 최윤범 회장과 우호 지분이 34.3%였다. 그 후 사모펀드인 MBK와 손을 잡은 영풍 쪽이 더 많은 지분을 확보하면서 최 회장 쪽이 경영권을 잃을 가능성이 커졌다.

미국 경제 전문 채널인 CNBC는 2023년 11월 '코리아 디스카운트, 가치 주인가 가치 함정인가?'라는 제목으로 전문가를 인터뷰한 적이 있다. 한국 재벌기업의 지배구조와 한국증시 문제를 집중적으로 파헤치며 던진 질문이었다. CNBC는 한국 기업의 가치를 훼손하고 한국 증시를 만성적인 저평가에 빠뜨린 원인 중 하나로 재벌기업을 꼽았다. 이 프로그램에 출연한 전문가들의 의견을 요약하면 이렇다.

"재벌들은 복잡한 기업 구조를 갖추고 있는데 이는 지배구조와 투명성, 주주 권리 측면에서 형편없는 결과로 이어진다. 재벌은 창업자의 가족 소유 구조로 돼 있어 주주나 투자자들이 회사의 전략적 방향에 거의 영향력을 행사하지 못하고 있다. 재벌 총수 일가가 회사의 지배적 지분을 보유하고 있어 핵심 사업과 관련이 없거나 손실을 초래하는 사업을 할 수 있고 이 과정에서 주주 가치가 훼손

될 수 있다."

　이 방송이 나오기 2개월 전 공정거래위원회는 세아그룹 계열사인 세아창원특수강에 과징금을 부과한 조사 결과를 발표했다. 이는 CNBC가 제기한 문제를 보여주는 전형적 사례다. 세아그룹 소속 세아창원특수강은 총수 일가를 지원하기 위해 헐값으로 계열사에 제품을 공급했다. 세아창원특수강은 세아그룹의 또 다른 계열사인 CTC에 스테인리스 강관을 시장 시세보다 낮은 가격으로 공급했다. CTC는 총수 일가가 100% 지분을 보유한 개인 회사의 자회사다. 결국 총수 일가를 부당 지원하기 위해 알짜 계열사인 세아창원특수강을 희생시킨 셈이다.

　세아그룹은 상표권 거래와 관련해서도 재벌 가족 회사에 사업 기회를 제공했다는 의혹이 있었다. 계열사의 상표권 사용료가 총수 일가 회사의 '쌈짓돈'이 되고 있다는 것이다. 세아그룹 상표권 소유자는 세아홀딩스와 세아제강지주 2개 사로, 이들이 세아그룹 대표 상표권을 각각 50%씩 가지고 있었다. 두 회사에 상표권 사용료를 지급하는 계열사는 세아제강과 세아베스틸 등 13개 계열사로, 상표권 사용 거래액만 수십억 원에 달했다. 세아그룹의 대표상표권은 세아제강지주가 100% 보유하고 있었는데 2016년 말 상표권의 50%를 세아홀딩스에 넘겼다. 시민단체들은 상표권 양도 이유와 거래금액 등이 투명하지 않아 세아홀딩스에 부당한 이익 제공 가능성이 있다고 공정거래위원회에 문제를 제기했다. 세아홀딩스는 총수 일가 지분율이 66.93%로 공정거래법 제47조 제1항 제2호가 규정하는 사익편취 규제 대상 기업에 해당한다.

지배주주만을 위한 쪼개기 상장이 끊이지 않는 것도 재벌 개혁이 시급한 이유다. 쪼개기 상장은 '인적 분할'을 말한다. 한 회사를 두 회사로 쪼개 지분율에 따라 주식을 똑같이 나누는 방식이다. 분할 이후 주식교환 등을 통해 총수 일가는 지분율을 높일 수 있다. 신설회사의 주가를 띄우는 동시에 신설회사 지분을 존속회사에 넘기면 대주주는 지배력을 강화할 수 있다. 이 과정에서 일반주주의 의견은 반영되지 않는다. 그 결과 기존 회사의 기업가치가 훼손되고 일반주주들이 손해를 볼 수밖에 없다.

2022년 LG화학은 배터리 자회사인 LG에너지솔루션을 분할 상장했다. LG에너지솔루션 상장 직후 모기업인 LG화학의 주가는 급락했다. 효성그룹도 3세 경영자인 조현준 회장과 조현상 부회장의 지배력을 높이려는 목적으로 2024년 계열사들을 인적 분할 방식으로 쪼개고 합쳤다. 다른 재벌기업들도 정도에 차이가 있을 뿐 알짜 자회사를 쪼개기 상장해 재벌 가족의 이익을 챙기면서 그룹 지배력도 높이는 행태를 반복하고 있다. 재벌들은 비판 여론에 대해 분할 상장이 자회사뿐 아니라 모기업 성장을 위해 필요하다는 궤변을 늘어놓는다. 그러나 이 말을 믿는 투자자는 거의 없다. 미국과 유럽 등 선진국에서 쪼개기 상장이 한국에 비해 많지 않은 것도 주주 가치를 훼손할 가능성이 크기 때문이다.

CNBC에 따르면 한국증시에서 코스피 전체의 주가순자산비율

PBR은 0.92에 불과하다. PBR은 기업이 보유한 자산 등 장부 가격 대비 주가 비율을 뜻한다. 통상적으로 PBR 1 미만이면 주가가 적정가치보다 낮다고 본다. 실제 가치보다 주가가 저렴하니 한국 주식을 가치 주로 볼 수 있다. CNBC도 주가가 중장기적으로 적정가치를 찾아간다고 보는 투자자라면 한국증시를 '가치 주' 관점에서 접근할 수 있다고 했다. 다만 주주와 투자자 이익을 중시하지 않는 한국의 재벌기업은 투자자들을 '가치 함정'에 빠뜨릴 수 있다고 CNBC는 경고했다. 주식이 저평가돼 싸게 보이지만 코리아 디스카운트 탓에 주가가 더 하락하거나 정체될 수 있다는 의미다. 아시아 기업지배구조협회ACGA가 매년 평가하는 한국의 기업 지배구조 점수는 하위권을 맴돌고 있다. 그 이유는 재벌 총수 일가가 경영권을 독점하고 이사회가 제 역할을 하지 못하고 있기 때문이다. 재벌기업의 전근대적인 지배구조는 세계적 흐름인 ESG(환경, 사회적 책임, 투명한 지배구조) 경영에 역행하는 것이기도 하다.

더불어민주당은 2024년 7월 코리아 부스트업 프로젝트를 추진하겠다고 했다. △이사의 충실의무 확대 △감사의 분리 선출 △대기업 집중투표제 활성화 △전자 주총 의무화와 권고적 주주제안 허용 △독립이사 의무화 등이 핵심 과제다. 코리아 디스카운트 해소와 증시 활성화 정책으로 제시한 것이지만 재벌 개혁의 방향성을 담고 있다. 이사의 충실의무 확대는 이사들이 일반주주 이익에 반하는 의사결정을 하지 못하도록 하는 장치이고, 감사 분리 선출은 주주총회에서 감사위원이 되는 이사를 다른 사내외 이사들과 분리, 선임해 이사회의 독립성을 강화하는 제도다. 독립이사 의무화도 같은 취지다.

대기업 집중투표제는 주주총회에서 이사를 2명 이상 선임하는 경우 1주당 선임될 이사의 수만큼 의결권을 부여하는 것을 말한다. 이사를 3명 선출하면 3표를 행사할 수 있다. 소액주주의 의결권이 강화되는 효과가 있어 지배주주를 견제할 수 있다. 권고적 주주제 안은 정관에 없더라도 사회적 가치를 높이는 제안을 일반주주가 할 수 있게 하는 제도를 뜻한다.

재벌의 지배구조 개혁과 함께 경제력 집중과 과도한 문어발식 확장 등을 막기 위한 개혁 정책도 병행돼야 한다. 진보 진영에서는 재벌 개혁의 방향성에 대해 의견이 일치한다. 중요한 것은 실행과 성과다. 한국 사회 기득권 카르텔의 최상부를 점한 재벌은 개혁에 강력하게 저항할 것이다. 지금까지 해왔듯이 교묘하고 집요하게 로비와 여론전을 펼칠 게 분명하다. 개혁에 나선 진보 정부도, 국민도 속을 수 있다. 그렇게 되면 재벌 개혁은 또다시 용두사미로 끝나고, 재벌에 볼모 잡힌 한국 경제는 혁신의 후퇴와 저성장 고착이라는 암울한 미래를 맞을 것이다.

5장

눈 떠보니 후진국,
어떻게 할 것인가?

인공지능이 몰고 올 기술 혁신,
그 결과는

승자독식의 위험, 선제적 규제가 필요하다

서기 2090년. 모든 사람과 사물은 연결돼 있다. 초연결사회. 인류는 이제 하나다. 너는 나고 나는 너다. 내 몸과 건물, 주변 물건들도 모두 하나다. 물아일체. 오래전 인류가 꿈꾸던 해탈의 경지이자 이상향. 그러나 현실은 그와 정반대다. 극소수를 제외한 모든 인간은 노예 상태에 가깝다. 능숙하고 현명한 인공지능AI 로봇과 경쟁해야 한다. 로봇이 시키는 일을 해야 할 때도 많다. 그마저도 언제 일자리를 잃을지 몰라 공포와 불안에 휩싸여 있다.

AI가 지배하는 미래, 거의 모든 인간이 극빈층 노동계급인 '프레카리아트'로 전락한 세상을 상상해봤다. 프레카리아트The Precariat. '불안정한'이라는 의미의 '프리캐리어스precarious'와 노동자를 뜻하는 '플로레타리아proletariat'의 합성어로 영국 경제학자인 가이 스탠딩 런던대 동양·아프리카연구대학 SOAS 교수가 창안해 널리 알린 신조어다. 전 세계 인구의 0.003%를 제외한 99.997%가 여기에 속한다. 초연결의 기반인 거대 플랫폼을 소유한 0.001%의 극소수 기업과 플랫폼의 콘텐츠를 지배하는 인기 연예인과 정치인, 스포츠 스타 등 0.002%만 이들과 다른 삶을 영위한다.

인류를 이렇게 만든 시발점은 AI의 등장이었다. 초기에는 인간이 질문하면 단순한 답을 내놓은 수준에 그쳤으나 어느 순간 스스로 생각하고 판단하는 AI가 나왔다. 그러더니 모든 분야에서 인간의 일을 야금야금 대체하기 시작했다. 인간만 할 수 있던 감정 노동도 척척 해냈다. 시간이 지나면서 지구촌 모든 나라가 초연결로 이어졌고 AI 로봇이 인간 노동을 대체하며 '국가'라는 틀도 무너졌다.

유기윤 서울대 교수팀은 2017년 이런 내용의 충격적인 미래 보고서를 내놨다. 15명의 공대 연구진과 1년 넘게 씨름하며 추론한 세계는 〈AI가 만들 디스토피아〉였다. AI 권력이 계급을 나누는 '초양극화 사회'가 그것이다. '미래의 도시에서 시민들은 어떻게 살아갈 것인가'라는 화두를 1년 넘게 연구한 결과다. 2090년까지는 아직 멀었지만 그 징후는 이미 나타나고 있다. 구글과 유튜브, 페이스북 등 물리적 국경을 지워버리는 거대 플랫폼, 그리고 오픈AI의 '챗GPT'와 중국의 '딥시크' 등 범용 AI의 빠른 진화 속도는 전 인류의 99.997%가 최하위 계급인 프레카리아트로 몰락하는 세상을 예고한다.

한국은행이 2023년 11월 발표한 보고서 〈AI와 노동시장 변화〉도 비슷한 메시지를 담고 있다. AI 활용이 전 산업 분야로 확산하면서 노동시장에 큰 지각변동이 일어날 것이라는 내용이다. 한국은행은 과거 로봇과 정보기술 IT이 저학력·저임금 노동을 대체했다면 미래 AI는 높은 임금을 받는 고학력자 일자리를 위협할 것으로 내다봤다. 각 업무의 직무내용 설명서와 AI 관련 특허 제목의 중복 등 여러 자료를 바탕으로 직업별 AI 노출 지수를 구해보니 이런 결론에 도달했다는 것이다. 이 지수는 특정 업무가 AI 기술에 의해 얼마나 대체 가능한지를 측정하려고 만들었는데 노출 지수가 높을수록 AI로 대체될 확률이 높다는 것을 의미한다.

측정 결과 노출 지수 상위 20%에 속해 AI로 대체될 가능성이 큰 국내 일자리는 전체 취업자의 12%인 341만 개에 달하는 것으로 집계됐다. AI 노출 지수를 상위 25%로 확대하면 대체 가능 일자리는 약 398만 개로 늘어난다. 성별로는 남성이 여성보다 AI로 대체될 가능성이 컸다. AI가 할 수 없는 대면 서비스업에 여성이 상대적으로 많이 종사하고 있기 때문이다.

AI 노출 지수가 높은 직업에는 화학공학 기술자와 발전장치 조작원, 철도와 전동차 기관사, 상하수도 처리 장치 조작원, 재활용 처리 장치 조작원, 금속 재료공학 기술자가 꼽혔다. 의사와 회계사, 변호사 등 고소득 전문직도 대체 확률이 높았다. 이런 일자리는 대용량 데이터를 활용해 업무를 효율화하기에 적합하다. 화학공학 기술자는 생산 공정 설계와 운영을 담당하고 있는데 이런 업무는 AI 알고리즘이 기술자를 대신해 얼마든지 수행할 수 있다.

AI 노출 지수가 낮은 직업에는 음식 관련 단순 종사자, 대학교수와 강사, 상품 대여 종사자, 종교 관련 종사자, 식음료 서비스 종사자, 운송 서비스 종사자 등이 포함됐다. 지금의 AI 기술로는 해결할 수 없는 대면 접촉과 인간관계 형성이 중요한 직업들이다. 하지만 범용 AI의 발전 속도가 빠른 데다 인간 이상의 운동 신경을 보유한 로봇이 개발될 날도 멀지 않았다는 점에서 AI 노출 지수가 낮은 직업도 얼마든지 대체될 수 있다.

한국은행 보고서에서 가장 주목해야 할 대목은 규제 없이 AI의 확산을 방치하면 소득 양극화가 심해질 것이라는 경고다. AI를 활용한 자동화는 기업의 이윤을 높이고 임금근로자의 소득을 낮출 가능성이 크다는 것이다. AI는 노동자의 이익을 기업 이익으로 이전하는 결과를 초래할 것이기 때문이다. AI가 확산하면 소비자 불이익과 과도한 개인정보 수집 등 사회적인 문제가 생길 것이라는 점도 명심할 필요가 있다. AI 기술은 빅데이터와 강화된 연산 능력으로 소비자 패턴을 더욱 쉽게 찾아낼 수 있다. 기업이 이를 악용하면 가격차별 등 소비자 후생을 저해할 소지가 작지 않은 것이다. 거대 플랫폼을 중심으로 특정 극소수 기업에 너무 많은 데이터가 집중되면 소비자에게 돌아갈 몫이 줄고 사생활을 침해할 위험도 커질 수 있다.

또한 AI는 민주주의를 위협하는 수단으로 활용될 위험도 크다. AI를 활용한 자동화는 노동에서 자본으로 권력을 이동시키고 AI가 편향된 데이터를 학습하면 시민들의 민주적 결정을 방해하는 가짜 정보를 퍼뜨릴 수 있다는 것이다. 전 세계적으로 극단주의자와 극우주의자들이 확산되는 이유는 유튜브 등 거대 플랫폼을 통해 유통되는 확증 편향적 정보와 가짜 뉴스가 결정적이다. 한국은행 보고서는 AI로 인류가 편해지는 측면이 있으나 사회적 부작용이 클 것으로 예상되는 만큼 선제적 규제 정책이 필요하다고 권고했다. 인간을 뛰어넘는 AI가 나오기 시작하면 돌이킬 수 없으니 그 전에 사전 규제가 중요하다는 것이다.

기술 허브를 독점한 소수 기업만 이익을 보는 부작용을 줄이기 위해서는 다양한 경제 주체들이 AI 발전으로 수혜를 입을 수 있도록 철저한 (사전) 규제 방안을 고민할 필요가 있다.

AI가 초래할 수도 있는 '디스토피아'를 막기 위해 가장 먼저 대책을 세운 곳은 유럽이다. 유럽연합EU 이사회는 2024년 5월 세계에서 처음으로 AI 사용에 관한 포괄적인 규제법을 승인했다. 인간을 위한 AI를 개발하고 보급해야 한다는 취지에서 제정된 법이다. AI를 사용할 때 그 위험 정도를 단계별로 나눠 인간에 치명적인 해를 입힐 수 있는 것은 사용을 금지하도록 했다. 가장 위험성이 높은 사례로는 고감도 감시 카메라를 활용한 안면인증 기술을 범죄 수사에 활용하는 AI 기술이다. 개인정보 악용을 넘어 인권을 침해할 수 있기 때문이다. 이런 AI 기술을 활용한 기업은 제재 대상이 된다. 입시나 채용시험 평가에 AI를 이용하는 것도 규제 대상이다. AI가 인간을 평가하고 행동을 통제할 수 있어서다. 이 법은 AI 규제에 대한 최초의 표준이 될 수 있다는 점에서 의미가 있다.

AI 기술 발전은 미국이 앞서가고 중국이 맹추격하는 모양새로 전개되고 있다. 두 국가는 AI로 인한 부작용보다는 기술 패권을 잡기 위해 혈안이 돼 있다. 2025년 1월 말 중국 벤처기업이 개발한 '딥시크'가 미국 AI 모델보다 뛰어나다는 소식이 전해지면서 엔비디아를 비롯한 미국 기업 주가가 폭락하기도 했다. 미국과 중국의 범용 AI 시장을 잡기 위한 경쟁은 앞으로 더 치열해질 것으로 보인다. AI를 구동할 첨단 반도체를 보유하지 못한 중국이 당장 미국을 따라잡기는 힘들 것이다. 범용 AI의 생명은 정확하고 객관적인 정보 생산인데, 중국 정부의 데이터 통제로 걸림돌을 극복할 수 있을지도 미지수다.

다만 딥시크의 강점을 무시할 수는 없다. 미국 오픈AI의 10분의 1 이하의 비용만 투입하고도 비슷한 성능을 구현해낸 것은 AI 기술 판도를 바꿀 혁신이기 때문이다. 'AI의 스푸트니크 모멘트'라는 말까지 나오는 이유다. 스푸트니크는 1957년 소련이 미국보다 앞서 쏘아 올린 인공위성인데, 당시 우주 기술에서 앞섰다고 생각했던 미국은 스푸트니크로 큰 충격을 받았다. 물론 딥시크가 그 정도로 충격적인 기술인지는 검증이 필요하다.

미국 기업들이 주도하는 AI 기술은 비용 대비 수익이 떨어진다는 지적을 받고 있다. 엄청난 양의 데이터를 모으고 학습시키는 데는 수조 원에서 수십조 원이 필요하다. 사업 측면에서만 보면 수익을 내기 힘든 구조다. 딥시크는 전력 소모가 적은 저사양 반도체를 사용했다고 밝혔는데 이 말이 사실이면 오픈AI 모델을 대체할 수도 있다. 저비용으로 개발할 수 있어 AI 적용 범위와 시장도 확대된다. 이는 선순환 고리를 형성하며 AI 관련 신기술 개발에도 가속도가 붙을 것이다.

새로운 기술이 속속 나오고 있으나 AI가 과대평가됐다는 의견도 있다. 2024년 9월 초 미국 증시가 폭락한 적이 있었다. 미국 경기에 대한 비관론과 함께 AI 거품론이 불거지며 잠시 증시에 공포감이 형성됐다. 모건스탠리는 AI 공급이 수요를 초과하면서 성장 동력이 약해질 수 있다는 내용의 보고서를 내놓았다. 미국 실리콘밸리의 한 벤처캐피털은 AI 설비투자에 쏟아부은 자금을 회수하려면 6000억 달러를 벌어야 하는데 미국 AI 관련 기업들의 이익을 모두 합쳐도 여기에 미치지 못한다는 견해를 피력했다.

그러나 범용 AI 기술 발전 속도는 이런 회의론을 무력하게 만든다. AI는 이제 막 시작 단계일 수 있다. 스마트폰과 PC, 가전 등에 본격적으로 탑재되기 시작하면 시장이 폭발적으로 커지며 수익성도 좋아질 수 있다. 대한상공회의소와 산업연구원의 'AI 기술 활용 실태조사'에 따르면 국내기업 500개를 대상으로 설문한 결과 AI 기술을 활용하는 기업은 아직 30.6%에 불과했다. AI를 쓰는 수준도 기초적인 단계였다. AI의 열풍이 불고 있는 것에 비해 저변이 넓어지지 않았다는 뜻이고, 그만큼 잠재력이 크다는 의미이기도 하다. 2025년 1월 대한무역투자진흥공사는 보고서 〈AI 시장의 부상: 수출 기회의 새로운 장)에서 세계 AI 시장이 연평균 20~30%대의 높은 성장세를 보이며 2030년까지 1조 달러 이상의 규모로 성장할 것으로 내다봤다.

문제는 한국을 포함한 대다수 국가가 AI를 새로운 사업 기회나 국력 강화의 수단으로만 본다는 점이다. 그 위험성에 대한 경고음이 나오고 있으나 심각하게 받아들이지 않는다. AI는 전 분야에 걸쳐 생산성 향상과 편리함을 준다. 인간의 건강과 수명 연장에도 도움이 될 것이다. AI는 인류를 위해 사용됐던 다른 문명의 이기와는 차원이 다른 기술이다. 인간을 대체하는 수준으로 발전할 수 있다는 점에서 그렇다. 극소수 기업이 아무런 통제도 받지 않고 AI를 소유하는 것은 매우 위험하다. 전쟁과 범죄 등에 악용되면 인류에 어떤 일이 일어날지 알 수 없다. 인권과 민주주의를 파괴하는 수단이 될 수도 있다.

AI를 '인간을 위한 기술'로 만들기 위해서는 인류가 쌓아온 인문적 가치를 훼손하지 않도록 규제할 필요가 있다. 그대로 두면 자연스럽게 승자독식하게 될 기술의 독점화를 막는 것이 무엇보다 중요하다. AI 혜택을 모든 사람이 나눌 수 있는 국가와 사회 시스템을 만들어야 한다. AI와 AI를 장착한 로봇을 잘 활용하면 모든 분야에서 생산성을 획기적으로 높일 수 있다. 미래학자들이 경고하는 극단적 불평등 문제만 해결할 수 있다면 AI는 인류를 노동의 굴레에서 벗어나게 하고 인간다운 삶을 살 수 있도록 돕는 '문명의 이기'

가 될 수 있다. AI가 몰고 올 혁신의 결과도 결국 인간의 손에 달린 셈이다.

기본소득 사회로
가는 길
모든 인간이 인간답게 살기 위한, 21세기 경제학

챗GPT 개발을 이끌었던 샘 올트먼 오픈AI 최고경영자는 2024년 10월 미국 샌프란시스코에서 열린 한 행사에서 흥미로운 주장을 펼쳤다. 그는 대학 시절 벤처 창업 과정에서 프로그램을 개발할 때 외부 지원을 받았던 당시 경험을 토대로 기본소득의 장점을 설파했다. 그는 2020년 11월부터 3년간 비영리단체를 통해 3000명을 대상으로 기본소득 실험을 한 적도 있다.

"(기본소득처럼 지급된 지원금은) 많은 개인의 삶을 변화시켰을 뿐만 아니라 창업 초기 기업이 성장할 수 있게 도와주었으며 결과적으로 사회 전체의 부를 증가시켰을 것이다. 내가 꿈꾸는 것은 더 많은 사람이 이런 식으로 혜택을 받아 원하는 일을 할 수 있는 세상을 만드는 것이다. (기본소득이 생기면) 비디오 게임을 하든, 벤처기업을 시작하든, 무엇이든 할 수 있다. 이를 대규모로 실행하면 개인과 사회 모두에게 큰 이익이 될 것이라고 믿는다."

올트먼은 오래전부터 AI가 초래할 극심한 부의 불평등 문제 해결을 위해 기본소득이 필요하다고 주장해왔다. 그의 기본소득 실험은 완벽하다고 할 순 없지만 몇 가지 의미 있는 현상을 발견할 수 있었다. 연구팀은 실험군 1000명에게 매월 1000달러를 주고, 대조군 2000명에게는 월 50달러를 지급한 뒤 소비 패턴과 근무 시간, 직업에 대한 인식 변화를 관찰했다. 실험군인 기본소득 수령자는 일하는 시간을 줄이고 특정 재화에 더 많이 돈을 썼다. 하지만 기본소득 반대론자들이 걱정하는 것처럼 근로 의욕이 크게 떨어지지는 않았다. 기본소득을 받기 전보다 줄어든 주당 근로 시간은 1.3시간에 불과했다. 이 실험을 통해 얻은 사실은 다음과 같다.

기본소득은 직장을 정할 때 자율성을 높여주고 다른 사람들에게 더 많은 도움을 준다. 사람을 돌보고 여가를 즐기며 자기 계발에 나서는 방식으로 시간을 가치 있는 곳에 쓴다. 다만 월 1000달러 정도로는 의료 서비스 등 비용이 많이 드는 분야의 불평등을 해소하는 데는 한계가 있다(이는 다른 복지 제도를 통해 제공할 수 있을 것이다). 기본소득의 순기능을 확인한 만큼 AI 기업과 토지에 대한 과세로 기본소득을 조성할 것을 제안한다. 또 AI 기술 혁신은 전 분야의 생산성을 높여 기본소득 제도 도입을 가능하게 만들어줄 것이다.

2024년 노벨 물리학상 공동수상자인 제프리 힌턴 캐나다 토론토 대 교수도 열렬한 기본소득 주창자 중 한 명이다. 그는 AI 기술의 기반인 인공신경망을 이용한 기계학습 분야를 개척해 'AI의 대부'로 불린다. 힌턴 교수는 2023년 4월까지 구글에서 AI 개발을 이끌었다. 구글을 떠나 학계로 복귀한 직후인 2024년 5월 영국 BBC와 인터뷰하며 "AI가 인류의 불평등에 미치는 영향을 고려해 보편적 기본소득이 필요하다"고 주장했다.

힌턴 교수의 기본소득 도입 취지도 올트먼과 크게 다르지 않다. 그는 2012년 토론토대학에 재직하며 제자들과 AI 연구기업을 창업했다. 컴퓨터가 사진을 분석해 사물을 스스로 인식할 수 있는 기술을 개발했는데 이는 생성형 AI인 챗GPT 탄생의 기반 기술이 됐다. 구글은 2013년 약 600억 원에 이 연구소를 인수했고 이때 힌턴 교수도 구글에 합류했다.

그는 2023년 4월 미국 CNN과 인터뷰하며 AI의 위험성을 고발하기 위해 구글을 떠난 것이라고 밝혔다. 그러면서 AI가 인류의 불평등을 심화시킬 것이라는 점에서 보편적 기본소득을 확립해야 한다고 권고했다. 2024년 12월 노벨 물리학상 수상 소감에서도 힌턴 교수는 "거의 모든 분야에서 사람들이 AI와 함께하면 같은 일을 하더라도 지금보다 훨씬 적은 시간을 들이게 될 것"이라며 "그러나 AI가 통제 불능이 될 위험에 대해서도 걱정해야 할 때"라고 강조했다. 그는 2024년 12월 BBC 라디오에 출연해서도 기술 변화 속도가 예상보다 훨씬 빨라 AI로 인해 향후 30년 이내에 인류가 멸종할 가능성이 10~20%에 달한다고 경고한 바 있다.

'기본소득'은 오래전부터 인류의 꿈이었다. 현실이 아니라 '꿈'이었던 것은 기본소득에 대한 사회적 합의에 이를 만큼 사회가 성숙하지 못했기 때문이다. 상상의 나라인 유토피아에서는 가능할지 몰라도 왕과 귀족, 자본가 등 기득권 계급이 층층이 있는 현실 국가에서는 있을 수 없는 정책이었다. 모두에게 부족하지 않게 나누어줄 충분히 많은 '빵'을 생산할 수 없었던 생산성의 한계도 걸림돌로 작용했다.

하지만 21세기 들어 여러 나라가 '복지 국가'를 달성할 유력한 정책으로 '기본소득'에 주목하고 있다. 핀란드 등 일부 국가는 기본소득을 실험하기도 했다. 지방자치단체 차원에서 기본소득을 실행하는 국가도 점점 증가하고 있다. 한국에서도 일부 지역 단위의 기본소득 실험이 진행되고 있다. 이런 변화는 AI의 등장과 무관하지 않다. AI의 창조자들이 기본소득 주창자가 된 것은 우연이 아니다. 전 산업에 AI가 적용되면 모두에게 빵을 줄 수 있을 만큼 획기적으로 높은 생산성을 확보할 수 있기 때문이다. 그렇게 되면 재산이 있고 없고를 떠나, 일할 의사가 있는지 없는지와 상관없이, 정기적으로 모든 사회 구성원에게 개인 단위로 빵을 줄 수 있다. 이것이 바로 기본소득이다.

기본소득 도입 운동에 가장 앞장선 사람은 '프레카리아트'라는 개념을 제시한 가이 스탠딩 영국 런던대 교수다. 그는 2023년 8월 이화여대에서 열린 22차 기본소득지구네트워크 총회 참석을 위해 한국을 방문했다. 이때 《시민언론 민들레》와 단독 인터뷰를 했는데 기본소득의 의미와 필요성, 실현 방안 등을 조목조목 설명했다. 그는 먼저 기본소득의 역사적 맥락에 대해 운을 뗐다.

기본소득은 사회민주당, 기독교민주당, 신자유주의 등 20세기 사조와는 전혀 다른 21세기의 정치다. 일부 우파에서 기본소득을 공산주의라고 비판하는데 그건 말이 안 된다. 공산주의는 국가가 모든 것을 소유하고 분배하는 시스템이다. 반면 기본소득은 개인에게 선택의 자유권을 주는 시스템으로 공산주의와 근본적으로 다르다. 기본소득은 요람에서 무덤까지로 유명한 비버리지 시스템이나 비스마르크식 복지 등 과거 시스템과도 근본적으로 다르다. 기존 복지는 선별적으로 지급된다는 근본적 한계가 있다. 이 선별 작업에 행정비용이 들고 불평등이 생긴다. 물론 실업과 장애 등 추가적 필요가 있는 계층에게 복지 급여가 지출되어야 하지만 기본소득은 공유물에 대한 개인의 기본적 권리 차원에서 지급되는 것이다.

그가 언급한 '공유물'은 기본소득을 실현할 수 있는 열쇳말이다. 자연이 인간에게 준 '공유물'을 공정하고 공평하게 나누는 게 기본소득이기 때문이다. 기본소득이 불가능하다고 주장하는 쪽은 공유물을 특정 기득권 세력이 독점하는 비정상을 정상으로 여긴다. 그렇다면 공유물을 통해 기본소득을 실현하는 방법은 무엇일까?

전 인류가 공유하는 공유물로부터 이익을 얻거나 공유물을 훼손하는 경우

이에 비례하는 부담금을 걷어야 한다는 것이다. 즉 '공유물 자본 펀드'를 조성하는 것이다. 세금이 정부에 귀속되는 것이라면 부담금은 공유물 자본 펀드에 귀속된다. 펀드 자금은 기본소득으로 분배되는 곳에만 쓰여야 한다. 지금은 공유물로부터 나오는 이익이 소수에게 귀속되는 경우가 많다. 이를 일정하게 환수해 균등하게 나누자는 것이다. 기본소득의 아이디어는 널리 인간을 이롭게 한다는 (한국의) 홍익인간의 정신과 일치한다. 지구는 원래 인류 공동의 것인 만큼 공동 자산을 통해 누구나 평등하게 이익이 배분되어야 한다. 탄소, 바다, 토지 등이 그것이다. 이들 공유물을 이용해 이익을 얻거나 훼손하면 부담금을 내야 하고 이것은 기본소득으로 분배되어야 한다.

스탠딩 교수가 제안한 '공유물 자본 펀드'의 성패는 "공유물로부터 나오는 이익이 소수에게 귀속되는 경우"를 줄이다가 최종적으로는 그 이익이 모두에게 돌아가는 것에 있다. 문제는 기득권의 강한 저항이다. 거대 자본과 이들이 댄 돈으로 권력을 잡은 정치, 여기에 기생하는 엘리트 지식인과 언론은 기득권 편에 설 게 뻔하다. 지금까지 그래왔고 앞으로도 변하기 어려울 것이다. 결국 기본소득의 재원인 공유물에 대한 부담금을 확보하려면 기득권 세력에 포획된 시스템을 개혁하는 수밖에 없다. 스탠딩 교수가 기본소득을 '21세기 정치'라고 한 것도 이런 현실을 고려한 것이다. 넘어야 할 산이 많은데도 세계가 기본소득을 도입해야 하는 절박성은 무엇일까?

한국을 포함한 대다수 나라에서 불평등이 심해지고 있다. 근본 원인은 과거처럼 새로 창출된 소득이 노동과 자본에 골고루 배분되는 게 아니라 갈수록 소득이 자본에만 귀속되고 노동에는 더 적게 귀속되고 있다는 점이다. 소득은 노동자의 노동에서 발생하기보다는 갈수록 이자, 배당, 지대, 자본 차익 등 자본소득에서 더 많이 발생하고 있다. 그러면 정치적 양극화와 경제적 불확실성도 더 커질 것이다. 이를 해소하려면 기본소득이 필요하다. 우리 모두에게는 기본적인 안전망이 필요하며 기본소득이 그 역할을 담당할 수 있다.

임항 한국내셔널트러스트 운영위원은 2025년 1월《시민언론 민들레》칼럼에 기본소득에 관한 잘못된 상식 세 가지를 꼽았다. 첫째가 기본소득이 게으름을 부추겨 노동을 꺼릴 것이라는 선입견이다. 이것이 '거짓'이라는 사실은 앞서 언급한 샘 올트먼의 실험에서 실증됐다. 임 위원은 그 이유가 "사람은 돈을 벌기 위해서만 노동을 하는 게 아니라 재미와 보람을 위해서도 노동하기 때문"이라고 설명했다. 한국에서 2023년 열린 22차 기본소득지구네트워크 총회에서도 각국에서 진행된 기본소득 실험과 성과 사례들이 소개됐다. 미국 스톡턴시에서 2019년 진행한 실험도 그중 하나였다. 스톡턴시는 당시 무작위로 선정한 주민 125명에게 1년 6개월 동안 매달 기본소득 500달러를 지급했다. 돈을 주면 일할 의욕이 떨어질 것이라는 예상과는 다르게 구직을 단념한 수급자는 전체의 2%를 넘지 않았다. 지급된 금액의 40%는 음식 사는 데 썼고 25%는 다른 생필품을 구매에 사용했다. 실험을 주도했던 마이클 터브스 전 스톡턴 시장은 실험 결과를 이렇게 평가했다.

"기본소득 실험은 인간 존엄과 노동의 개념을 다시 생각하게 만든다. 즉 인간의 존엄과 노동은 관계가 없다는 사실이다. 나와 달라 보이는 사람(빈자와 유색 인종)에게 돈을 줘도 된다는 스토리텔링도 의미를 갖게 됐다."

재벌과 가난한 사람 모두 똑같은 기본소득을 주는 것이 부당하다는 생각과 세금 폭탄론 역시 잘못된 상식이다. 이런 선입견은 기존 선별 복지와 기본소득에 쓰이는 재원이 모두 세금이라는 가정에서 나온다. 기본소득을 100% 세금으로 충당할 수는 없고 그래서도 안 된다. 스탠딩 교수가 '공유물 자본 펀드'를 제안한 것도 이런 이유 때문이다. 기본소득의 재원 조달 방식과 관련해서는 공유물 자본 펀드 외에도 다양한 아이디어가 나오고 있다.

기본소득은 '보편적 복지'를 뛰어넘는 개념이다. 선별적 복지와 기본소득을 같은 차원에 놓고 논쟁을 벌이면 답을 찾을 수 없다. 기본소득이 추구하는 목표는 극단적인 불평등을 막고 모든 인간이 인간답게 살 수 있도록 물질적 기반을 제공하는 데 있다. AI가 인간을 노동의 굴레에서 벗어나게 해줄 가능성이 커진 21세기에 우리가 새롭게 쓸 '경제학'인 것이다.

AI 분야의 선각자들이 이구동성으로 기본소득을 언급하는 것에서 우리는 두 가지 상반된 메시지를 읽을 수 있다. 하나는 AI로 생산성이 획기적으로 높아지면 기본소득은 얼마든지 가능하다는 것이다. 그런데도 기본소득을 도입하지 않으면 AI가 초래할 극단적 양극화로 인류는 불행에 빠지고 멸망에 이를 수도 있다는 경고다. AI가 이끌 유토피아와 디스토피아, 둘 중 어느 곳에서 살게 될 것인지가 기본소득에 달린 셈이다.

지속 가능한
벤처 사회 만들기
대기업의 재원 독식, 산업 생태계의 개혁부터

2045년 어느 날 30대 중반인 K는 7년을 다닌 회사를 나왔다. 친구와 함께 창업하기 위해서다. 직장에 다니면 자금을 좀 더 모을 수 있었으나 지금이 아니면 꼭 해보고 싶은 일을 하기 힘들 것으로 판단했다. 다행히 몇 년 전부터 기본소득제가 시행돼 먹고사는 문제는 걱정할 필요가 없었다.

그와 친구는 창업 자금이 모이자마자 결단을 내렸다. 그들이 구상하는 사업은 기후 위기에 대응할 인공지능 기반 혁신 서비스다. 일반인에게는 생소한 분야다. 성공을 확신할 수는 없었으나 환경개선과 소비자 편익이라는 두 마리 토끼를 잡는 일이라 보람도 있고 해볼 만한 가치가 있었다.

잠시 상상해본 기본소득 사회의 한 장면이다. 창의성은 생계 걱정 없이 하고 싶은 일을 하거나 마음 편하게 놀 수 있을 때 발현되기 쉽다. 기본소득 제도가 있으면 그렇지 않은 사회보다 혁신이 더 촉진될 것으로 보는 근거다. 그러나 기본소득만으로 혁신이 꽃을 피울 수는 없다. 위험을 감수하고 도전하는 사람에게 어떤 식으로든 보상이 주어져야 한다. 미국 실리콘밸리 정도는 아니라도 그와 유사한 벤처생태계를 구축해야 하는 이유다.

기존 산업의 구조가 흔들리고 패러다임이 바뀔 때 혁신이 싹튼다. 외환위기 직후인 1998년부터 2001년까지 한국 경제를 달궜던 벤처 창업 열기도 그랬다. IMF 외환위기로 한국 경제가 무너진 폐허 위에서 혁신기업들이 탄생했다. 벤처 투자로 돈이 몰리다 보니 무늬만 벤처인 기업도 우후죽순 생겨났다. 허우대만 갖춘 회사를 차려 투자받고 튀는 사기도 기승을 부렸다. 그 결과 1차 벤처 열기는 '3년 천하'로 끝났다. 하지만 이때의 경험은 혁신적인 벤처기업이 기존 산업 구조를 바꿀 수 있다는 가능성을 일깨워줬다.

벤처 거품이 꺼지며 수많은 기업이 문을 닫았으나 살아남은 곳도 적지 않았다. 그중에는 한국 토종 플랫폼으로 자리 잡은 네이버도 있다. 1차 벤처 붐 시기에 설립돼 존속한 기업들은 한국의 정보기술과 디지털 혁명을 주도했다. 중소기업연구원에 따르면 벤처로 인증된 기업의 10년 평균 생존율은 일반 창업기업의 3배에 육박했고, 매출액이나 영업이익률도 훨씬 높았다. 시가총액이 늘어나는 속도도 일반기업보다 빨랐다. 외환위기의 어려움 속에서도 많은 젊은이가 벤처 창업에 뛰어들었고 마침 정보기술 혁명으로 인터넷 산업이 급성장하고 있었다. PC를 비롯한 많은 정보기술 기기가 나왔고 기업들이 앞다퉈 데이터센터를 건립하면서 반도체 수요도 폭발했다.

이는 벤처 창업자들에게 기존에 없었던 사업 기회를 제공했다.

1차 벤처 붐 때는 벤처기업들이 채용할 고급 인재도 풍부했다. 외환위기 직후 기업들은 살아남기 위해 감원을 단행했다. 희망퇴직 또는 명예퇴직을 권했다. 무급 휴직으로 비용을 아끼려는 기업도 적지 않았다. 졸지에 일자리를 잃은 사람 중에는 엔지니어도 있었고 능력이 뛰어난 사람도 많았다. 이들은 반짝이는 아이디어와 기술을 무기로 창업에 도전하거나 유망한 벤처기업에 취업했다. 공공 부문의 역할도 컸다. 당시 김대중 정부는 외환위기 극복을 목표로 대기업 간 사업 합병 등 산업 구조조정과 더불어 금융 부문도 과감하게 개혁했다. 벤처 투자를 활성화하기 위한 정책도 단행했다. 다양한 방식으로 투자를 독려했고 벤처기업들이 기업공개를 통해 자본을 조달할 수 있도록 주식 시장 상장 문턱도 낮췄다.

이에 힘입어 벤처기업에 인력과 돈이 몰리기 시작했다. 주식 시장에 상장된 벤처기업은 약간의 호재만 있어도 주가가 치솟았다. 열기가 너무 뜨겁다 보니 투기성 자금이 유입되며 거품이 형성됐다. 허위 공시나 보도자료를 뿌려 주가를 띄우려는 사기꾼 기업인도 늘었다. 이들 무늬만 벤처였던 몇몇 기업의 실체가 드러나 주가가 폭락하며 벤처 열기는 급속히 식었다. 많은 이들이 벤처 투자로 손해를 입었고 그 후유증은 상당 기간 지속됐다.

1차 벤처 열기는 혁신 기술과 아이디어로 무장한 벤처기업이 경제 발전에 필수적이라는 학습 효과와 벤처 육성이 꼭 필요하다는 국민적 공감대를 유산으로 남겼다. 또 벤처생태계를 구축하는 주춧

돌 역할도 했다.

그러나 한국 경제에서 벤처기업은 여전히 주변부에 속한다. 지금도 거대 재벌기업들이 주요 산업을 장악하고 있다. 이들은 우수 인력과 자금을 블랙홀처럼 빨아들인다. 혁신 경제를 구축한다는 측면에서 거대 기업의 쏠림 현상은 부정적 요인으로 작용한다. 한국처럼 재벌이 기득권 카르텔의 중심에 있는 사회는 더욱 그렇다. 대기업이 혁신 벤처기업의 성장을 저해하는 가장 흔한 수법이 기술 탈취나 아이디어 도용이다. 창업 초기 기업(스타트업)은 수익성을 확보하기 위해 대기업 또는 중견기업과 협력하는 경우가 적지 않은데 이 과정에서 혁신 기술을 부당하게 빼앗기곤 한다. 그 사례는 수없이 많다. 중소벤처기업부에 따르면 2023년 스타트업이 정부에 행정조사와 분쟁조정을 신청한 사건의 절반이 '기술 탈취'에서 발생했다.

전형적인 수법은 이렇다. 대기업과 협업하기 위해 스타트업이 핵심 기술과 사업 아이디어를 알려준다. 이때 대기업은 겉으로는 협력하는 척하다가 시간을 끌고 끝내 발을 뺀다. 스타트업은 어쩔 수 없이 다른 대기업을 물색한다. 그러다 협력이 무산된 그 대기업 계열사에서 나온 신제품 또는 서비스 광고를 본다. 바로 그들이 보유한 기술을 활용했다는 사실을 발견한다. 물론 똑같이 베끼지는 않았다. 기술 탈취 혐의를 피하려고 교묘하게 변형한 형태다. 피해를 본 스타트업이 항의하면 대기업은 오래전부터 계열사가 준비했다고 둘러대고, 그래서 협업할 수 없었다는 답변이 돌아온다.

명백한 기술 탈취이자 아이디어 도용인데도 스타트업이 소송에서 이길 확률은 매우 낮다. 중소벤처부에 따르면 기술 탈취 소송에서 기소율은 21%에 불과하며 피고인 대기업이 무죄를 받을 확률은 형사사건의 10배가 넘는다고 한다. 더 큰 문제는 대기업과 스타트업이 소송전을 벌이면 다윗과 골리앗의 싸움이 된다는 점이다. 스타트업은 소송에서 이기기 쉽지 않고, 승소한다고 해도 '상처뿐인 영광'으로 끝나는 경우가 더 많다. 받을 수 있는 보상액도 적어 재기가 힘들다. 정치권에서는 이를 개선하기 위해 기술 탈취에 대해서는 징벌적 손해배상을 부과하는 등 대책을 내놓고 있으나 근본적인 문제 해결은 아직 요원하다.

재벌기업이 계열사 간 내부거래를 통해 시장을 선점하는 행태는 벤처기업이 도전하는 혁신 분야도 마찬가지다. 재벌기업이 골목상권만 침해하는 게 아니라는 이야기다. 그들은 막강한 자금력과 우수 인력을 무기로 벤처기업에 적합한 신사업까지 넘본다. 대기업이 사내벤처를 설립해 독립시키는 사례도 있다. 벤처산업 저변을 넓힌다는 점에서는 긍정적이다. 다만 전체 벤처기업에서 차지하는 사내벤처의 비중은 높지 않다.

대기업이 문어발식으로 벤처 영역까지 확대한 결과는 뻔하다. 혁신의 결실이 대기업에 집중되고 이는 벤처기업의 성장을 제약한다. 대기업과의 경쟁에서 이겨 초기에 성공을 거둔다 해도 갈 길은 멀다. 미국 실리콘밸리와 비교하면 한국의 벤처생태계는 여전히 미숙해서 혁신 기술과 아이디어만 가지고는 결코 성공할 수 없다. 적기에 적절한 규모의 자금이 투입돼야 살아남아 성장할 수 있는데, 한국의 벤처생태계는 이런 측면에서 부족한 부분이 많다.

한국금융연구원은 2024년 8월 〈경제의 역동성과 금융의 역할〉이라는 보고서를 내놨다. 벤처생태계가 역동적으로 돌아가며 높은 경제성장률을 유지하는 미국과 그렇지 못한 국가들을 비교하는 내용이 담겼다. 보고서에 따르면 미국은 원천기술을 보유한 국가 기술혁신시스템과 자금을 공급하는 벤처금융, 혁신 기술로 신사업에 도전하는 스타트업이 벤처캐피털을 허브로 다원, 다층, 복합 구조로 연결돼 있다. 벤처생태계에서 중심 역할을 하는 벤처캐피털은 잠재력이 큰 벤처기업을 성장단계에 따라 종잣돈과 초기투자, 후기투자로 세분화해 자금을 투입한다. 필요하면 공적 연기금과 대학기부기금, 국부펀드와 개인 자산가들까지 동원해 투자금을 마련한다. 여기서 주목할 점은 벤처기업의 단기 수익성이 아니라 미래 가치를 창출할 중장기 청사진을 보고 투자가 이루어진다는 사실이다.

금융연구원은 이런 미국 벤처금융의 투자 철학을 '문샷'에 비유했다. 문샷은 인류가 처음으로 달에 착륙한 아폴로 11호 프로젝트에서 유래됐다. 아무리 실패 위험이 커도 세상을 바꿀 만한 혁신 기술에는 과감하게 투자한다는 의미다. 미국의 모범적인 벤처생태계는 스타트업에서 성장한 미국 7개 거대 기술 기업(M7)의 눈부신 성과를 보면 알 수 있다. M7은 마이크로소프트와 애플, 엔비디아, 알파벳(구글), 아마존, 메타, 테슬라를 말한다. 금융연구원에 따르면 2024년 6월 14일 기준으로 이들 7개 기업의 시가총액은 미국 전체 상장주식 시가총액의 25%에 달한다. 금액으로는 약 13조 8000억 달러로 독일과 일본, 영국, 프랑스 증시의 시가총액을 모두 합한 금액보다 많다. M7은 미국 벤처생태계의 산물로 지금도 미국 경제의 혁신과 성장엔진 역할을 한다.

10대 경제 대국 중에 이 정도의 벤처생태계를 갖춘 나라는 없다. 유럽과 일본 벤처기업들은 기업공개IPO 이전과 이후 모두 벤처캐피털 같은 기관투자가의 자금 지원을 받기 어렵다. 벤처 업계에는 '죽음의 계곡'이라는 말이 있다. 연구개발과 사업 기반을 다지는 데 초기 투자금을 다 썼는데도 매출이 없을 때 이 단계에 진입한다. 미국의 벤처금융은 다원, 다층적이라 잠재력만 있으면 이때도 얼마든지 투자를 받을 수 있다.

반면 일본과 유럽에서는 벤처기업이 '죽음의 계곡'을 넘기 어렵다. 벤처금융의 기반이 약하기 때문이다. 그 점에서는 한국도 마찬가지다. 한국은행이 2024년 6월 발표한 〈연구개발R&D 세계 2위 우리나라, 생산성은 제자리〉라는 비판적 제목의 보고서를 보면 한국기업의 R&D 지출 규모는 2022년 기준 GDP의 4.1%에 달했다. 미국 내 특허출원 건수도 2020년 기준으로 국가별 비중이 7.6%를 기록했다. 세계 순위 각각 2위와 4위로 선진국 중에서도 최상위권인데 한국 기업의 연평균 생산성 증가율은 2001~2010년 6.1%에서 2011~2020년 0.5%로 낮아졌다. 10년 만에 10분의 1 이하로 추락한 것이다. '혁신기업'으로 분류된 곳도 생산성 증가율이 같은 기간 연평균 8.2%에서 1.3%로 하락했다.

이렇게 된 이유는 대기업에 인재와 자금이 쏠리는 현상과 무관하지 않다. 재벌기업들이 재원을 독식한 결과 미국의 M7처럼 생산성을 획기적으로 끌어올리는 벤처기업들이 나오지 않는 것이다. 재벌기업이 주도하는 혁신은 '질'보다 '양'을 추구한다. 한국에서는 종업원 수 상위 5% 대기업이 전체 R&D 지출 증가와 특허출원을 주도한다. 그러나 생산성과 직결된 특허 피인용 건수 등은 2000년대 중반 이후 계속 줄고 있다. 대기업 의존도가 높은 중소기업은 혁신의 질은커녕 양도 부족한 상태다. 한국은행은 한국에서 기업 혁신의 질이 떨어진 근본적 원인으로 '기초연구 지출 비중 축소'를 꼽았다. 응용연구가 혁신 실적의 양을 늘리는 것이라면 기초연구는 혁신의 질을 결정한다. 한국 기업들의 기초연구 지출 비중은 2010년 14%에서 2021년 11%로 줄었다.

하지만 더 큰 문제는 전반적으로 벤처생태계가 부실하다는 점이다. 미국처럼 기업의 벤처캐피털 접근성이 좋고 인수합병이나 기업공개 등 투자금 회수 시장이 발달하면 혁신이 활발하게 일어나고 생산성이 높아진다. 한국은 두 가지 요소가 모두 저조한 상태다. 자본주의의 치명적 맹점인 인간의 노동 예속과 소외 문제를 해결할 열쇠가 기본소득이라면, 벤처기업이 성장할 생태계 조성을 위해서는 창의성과 혁신을 통해 생산성이 높은 사회를 만드는 것이다. 그러기 위해선 좋은 아이디어와 혁신 기술이 묻히지 않고 성장할 수 있는 환경을 갖춰야 한다.

극심한 불평등과 생산성 저하에 시달리며 성장의 불씨가 꺼져가는 한국 경제를 살리는 길은 '기본소득'과 '혁신'이라는 두 개의 바퀴를 장착해 달리는 것이다. 한국은행과 KDI는 이대로 한국 경제를 방치하면 2040년대 성장이 멈출 것이라고 경고한다. 저출생 고령화로 생산가능 인구가 감소하는 데다 정부와 민간에서 모두 생산성이 급속히 떨어지고 있기 때문이다. 암울한 전망이 현실이 아닌 '전망'에 그치게 하려면 지금부터라도 경제와 산업 구조를 개혁해야 한다. 대기업이 독점한 인적, 물적 자원을 중소기업과 벤처기업, 스타트업으로 자연스럽게 흘러갈 수 있도록 하는 게 핵심이다.

재벌기업의 기술 탈취와 계열사 간 내부거래를 통한 총수 일가의 사익편취 등 각종 불공정거래를 더욱 철저하게 뿌리 뽑아야 한다. 이를 위해 재벌 일가가 적은 지분으로 그룹 전체를 지배하는 기업 거버넌스를 개혁하는 것이 가장 시급한 과제다. 이와 함께 국가의 기초기술 역량을 높이고 벤처금융과 혁신기업이 상승 작용을 일으키는 벤처생태계를 조성해야 한다. 그래야 우리나라에서도 미국의 M7 같은 재벌기업을 뛰어넘는 거대 기술 기업들이 탄생할 수 있고 젊은이들이 위험을 무릅쓰고 창업에 도전하는 '벤처 권하는 사회'를 만들 수 있다.

성장과 분배 두 바퀴로 가는 경제,
새 지도자가 그려야 할 한국 경제의 청사진

경제 정책이나 방향성을 이야기할 때 성장과 분배는 언제나 논쟁거리다. 성장이 먼저냐, 분배가 먼저냐를 놓고 자주 갑론을박이 벌어진다. 보수 진영은 성장을 강조하고 진보 진영은 분배를 중시하는 경향이 있다. 하지만 이런 이분법은 종종 오해를 불러일으킨다. 이재명 더불어민주당 대표가 기업을 방문해 '성장'을 강조하자 "우클릭 행보"라며 공격받은 것도 그러하다.

이 대표는 2025년 2월 현대차 공장을 방문해 "기업의 성장은 곧 국가 경제의 성장"이라고 말했다. 이에 대해 일부 언론은 조기 대통령 선거를 겨냥한 '우클릭 행보'라고 공격했다. 중도층 표를 의식해 분배와 경제민주화를 우선시하는 민주당의 정체성을 내팽개쳤다는 것이다. 이 대표는 즉각 반박했다. 성장을 말했다고 분배를 뒷전에 밀어두었다는 해석은 지나치다는 것이다. 그는 한국노총 지도부와 면담하며 성장과 분배의 관계를 명확하게 설명했다.

"자꾸 우클릭한다고 우리를(민주당을) 문제 삼는데 경제성장에 집중하는 것은 민주당 역대 정권이 다 해왔던 얘기다. 너무 당연한 일이라서 심하게 말하지 않은 것뿐이다. 복지를 확대하고 분배를 강화하고 정의로운 사회를 지향하는 (민주당의) 목표를 어찌 잊겠는가. 문제는 그 목표를 이루는 과정에서 수단으로써의 성장이라는 것을 도외시할 수 없다는 점이다."

이런 설명에도 불구하고 언론들은 공격을 멈추지 않는다. 이 대표가 기업 앞에서는 "성장"을 외치고, 노동계 앞에서는 "분배"를 강조한다고. 그런데 이는 비판을 위한 비판일 뿐이다. 경제에서 성장과 분배는 동전의 앞면과 뒷면이다. 경제는 성장과 분배라는 두 바퀴로 굴러간다. 성장 없는 분배는 불가능하고 분배가 없으면 성장도 한계에 직면한다.

고속 성장으로 선진국 반열에 오른 한국 경제에는 치명적인 약점이 있다. 갈수록 심해지는 부와 소득의 불평등이 그것이다. 이는 재벌을 최정점으로 하는 기득권 카르텔의 공고화와 무관하지 않다. 정부의 전폭적인 지원을 받은 재벌기업들은 블랙홀처럼 인재와 자원을 빨아들인다. 그 결과 공정한 분배 시스템이 파괴되고 성장 동력도 약해지고 있다. 효율적인 자원 배분이 망가지면서 한국 경제의 생산성은 바닥까지 추락했다. 노벨경제학상 수상자인 조지프 스티글리츠가 명저인 《불평등의 대가》에서 경고한 다음 대목은 한국에도 해당한다.

우리 시스템은 중하위 계층으로부터 상위 계층으로 돈을 이동시키는 방향으로 지나치게 편중돼 있다. 이 시스템은 너무나 비효율적이다. 상위 계층이 누리는 편익이 중하위 계층이 부담하는 비용에 크게 미치지 못하기 때문이다. 우리는 지금 갈수록 심화하는 과도한 불평등 때문에 값비싼 대가를 치르고 있다. 성장이 둔화하고 국내 총생산이 줄어들 뿐만 아니라 불안정이 갈수록 심화하고 있다. 우파는 입을 다물고 있지만 우리가 치르고 있는 대가는 또 있다. 민주주의의 약화, 공정성과 정의 등의 가치 훼손, 국가적 정체성 위기 등이 바로 그것이다.

새로운 대한민국 지도자는 바로 이런 문제의식에서 출발해야 한다. 윤석열이 망가뜨린 경제를 복원하는 일도 시급하지만, 공고해진 양극화 시스템을 깰 복안과 비전을 제시하는 것도 필수적이다. 재벌 개혁과 높은 생산성을 바탕으로 한 '기본소득 사회'로 가는 개혁이 올바른 길이라는 확신을 국민에게 심어줘야 한다. 그러기 위해서는 청사진만 보여주는 것만으론 부족하다. 개혁의 길을 어떻게

갈 것인지 구체적이고 상세한 지도가 필요하다. 그래야 국민이 믿고 따른다. 이제는 그런 지도자가 나올 때가 됐다.

"아무도 감독하지 않으면 우리 정부와 기관은
특수 이익 집단에 포획당하고 만다."

—조지프 스티글리츠

새로운 대한민국 지도자는 기득권에 속하지 못한 시민과
약자를 위한 경제 정책을 펼쳐야 한다. 이는 모든 국민을 위한
경제 발전으로 가는 길이며 헌법의 명령이기도 하다.

"국가는 균형 있는 국민경제의 성장 및 안정과 적정한 소득의
분배를 유지하고, 시장의 지배와 경제력의 남용을 방지하며,
경제 주체 간의 조화를 통한 경제의 민주화를 위하여 경제에
관한 규제와 조정을 할 수 있다."
—헌법 제119조 2항

눈 떠보니 후진국

초판 1쇄 발행일 2025년 4월 30일

지은이	장박원
펴낸이	김현관
펴낸곳	민들레북

책임편집	김미성
표지 디자인	ko*kkiri
본문 디자인	진혜리
종이	세종페이퍼
인쇄 및 제본	올인피앤비

주소	서울시 양천구 목동중앙서로7길 16-12 102호
전화	(02) 2655-0166/0167
팩스	(02) 6499-0230
ISBN	979-11-983628-6-5 03320

등록	2023년 4월 19일 제2023-000015호

책값은 뒤표지에 있습니다.

민들레북은 인터넷 언론사 **시민언론 민들레**의 출판브랜드입니다.
시민언론 민들레에 게재된 기사 및 칼럼 등의 콘텐츠를 바탕으로 시의에 따라
필요한 내용을 편집하여 단행본으로 출간합니다.